JN070407

図解

絶対に
ミスをしない人の
仕事のワザ

THE EYE-OPENING WORKING TECHNIQUES
OF PEOPLE WHO NEVER MAKE MISTAKES

ミスをなくせば、幸運のサイクルが

仕事のやり方は教わっても、「ミスのなくし方」は教わらない

ミスをなくしたい。これはビジネスパーソンに共通する課題ではないでしょうか。

「○○さんってミスが多いんですよ」、これが褒め言葉にはならないことを私たちは知っているからです。

会社に入ると、仕事のやり方はひと通り教えてもらえます。でも、「ミスのなくし方」までは教えてもらえません。みんな試行錯誤して仕事をしているのが現状です。

ミスのない人は自分なりのテクニックを持っています。でも、「人に披露することでもないし」と謙遜したり、部下や後輩には「自分で失敗して身につけてほしい」と心を鬼にして教えない人が多いのです。

ミスをなくすことで、活躍するステージがどんどん広がっていく

ミスをなくせば、幸運のサイクルが回りはじめます。

「○○さんはミスがない」と評価される。

「○○さんなら任せて安心」と信頼される。

「○○さんに担当してもらいたい」と指名される。

そうやって活躍するステージがどんどん広がっていくからです。

そのうえ、やり直しやムダな作業が減るので、残業だってせずに済みます。

一方、毎日頑張っているのに空回りしている人、なかなか結果が出せない人もいます。そのとき「気合いだ！」「頑張ろう！」の意欲は大切ですが、とくに事務の仕事は根性論だけではうまくいきません。

ミスをなくすべく積み重ねてきた"仕事のワザ"を、一挙大公開！

私は日頃、ビジネスセミナーの講師をしています。そのテーマについて、原稿を書く機会も増えてきました。また、小さな会社の経営者でもあります。

といっても経歴は地味で、学校を卒業してから保険会社に入社し、9年3カ月間は定型業務やアシスタントをしていました。

「当時は優秀だったの？」と聞かれることがあるのですが、キッパリ「いいえ」と答えています。なぜなら「ケアレスミスが多い」「仕事ができない」「結婚して家庭に入った方が向いているのでは？」などと言われたことがあるからです。

でも、今は違います。子供の頃の夢だった

回りはじめる！

トラブルや
失敗を防止する
効果てきめんの
"仕事のワザ"、
教えます！

「物書きになりたい」、会社員の頃の夢だった「プロの講師になりたい」を、遅ればせながら叶えることができました。

やりたい仕事がいただけるようになったのは、弱点だったミスをなくすよう毎日積み重ねてきたからだと思います。そして今では、たくさんのミスに「ありがとう！」を言いたい気分です。

同じような悩みを抱える人たちを見て、ミスをなくす一助になればと、自身のテクニックを本書に惜しみなく載せました。文章はおさえ気味にして、イラストや図解をたくさん入れています。

勉強するというよりも、楽しみながら読んでほしいですし、「私も同じミスをする！」と感じたCHAPTERや項目を重点的にチェックしてもらってもいいでしょう。

あなたも1日も早くミスをなくして、チャンスをつかみましょう。

鈴木 真理子

CHAPTER 4 コミュニケーション 報連相 編

CHAPTER 5 スケジュール 時間管理 編

CHAPTER 6 仕事の習慣 編

 CHAPTER 7 日々の心構え 編

● カバーデザイン／石川清香 (Isshiki)　●本文デザイン・DTP／斎藤 充 (クロロス)
● イラスト／パント大吉　●編集協力／藤吉 豊 (クロロス)、斎藤菜穂子　●校正／共同制作社

CHAPTER 1

メール
ビジネス文書 編

01 長文メールは 読んでもらえない

「読まれるメール」のポイント

「読まれる件名」の書き方

 ×

ご無沙汰しております

○○社　山田です

 ◎

新サービス□□のご提案

【ご相談】貴社訪問の日時について

- 本文を要約した件名にすると、伝えたいことがすぐにわかる

「読まれる本文」の書き方

お世話になっております。

弊社はファイリングのサービスを開発しました。
よろしければ説明に伺いたいのですが、
以下の日時でご都合いかかでしょうか。

1、○月○日（月）13：00〜14：00
2、○月○日（水）15：00〜16：00
3、○月○日（金）10：00〜11：00

ご多忙と存じますが、
よいお返事をお待ちしております。

- スクロールしなくても一度に読める分量にまとめる
- 箇条書きを用いる
- 日時を決めるときには候補を挙げておく

「メールが読まれなかった」のは送った方にも原因がある

相手に届いているのに、きちんと読んでもらえないメールがあります。

その原因の1つに、本文が長すぎることが挙げられます。ダラダラと続くお手紙風だったり、改行していなかったり、起承転結で結論が後回しだったり。そんなメールは、読み飛ばされてしまうことがあります。

また、毎日たくさんのメールを受信する人は、すべてをじっくり読む時間がありません。そのため、件名と送信者を見て大事なメールを選んだり、捨てたりしています。

つまり、「メールを送ったから読んでいるはず」と思い込むのは危険です。送ったメールが読まれなかったというミスは、送った方にも原因があるのです。

メールの分量は、スクロールしないで一度に画面に表示される程度におさえてください。さらに件名を見れば伝えたいことがすぐにわかるようにし、本文は結論を前へ持ってくるようにします。

また、文章だけでなく箇条書きを取り入れれば、ダンゼンわかりやすくなるのでお試しください。

添付ファイルは 本文を書く前に添付する

メール・ビジネス文書編 CHAPTER 1

CHAPTER 2

CHAPTER 3

CHAPTER 4

CHAPTER 5

CHAPTER 6

CHAPTER 7

ファイルを添付してから 本文を書けば"添付忘れ"を防げる

「メールにファイルを添付するつもりだったのに、ウッカリ忘れてしまって再送しなければならない……」。誰もが一度は経験するミスかもしれません。でも1通のメールで済むのに2通送信するのは非効率です。

添付忘れの原因は何でしょうか？ 思うに、メール本文を先に書き上げるとホッとして、ついそのまま送信ボタンを押してしまうからでしょう。

メールの文面の誤字脱字はチェックしたとしても、添付ファイルの有無は見落としやすいのです。

そこで、送るファイルがあれば本文を書く前に添付してください。メールの作成画面を上下で分けてとらえ、先に上部を入力し終えてから下部にある本文へと移りましょう。すると目線も画面の上から下へと自然に流れていくので、ミスが防げます。

さらに、件名には「添付3」などファイルの総数を入れておくようにしましょう。数を書けば、送信前にセルフチェックができ、もらった相手はファイルがあるか、数に間違いがないかを瞬時にチェックできます。

添付ファイルを忘れないようにするワザ

ファイルを添付してから本文へ

❶の部分をすべて作業してから、❷の本文を書くようにする

添付ファイルの総数を件名に書く

件名：【資料送付】○○会議（添付3）

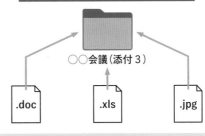

ファイルが3つ以上あるなら圧縮する

○○会議（添付3）

.doc   .xls   .jpg

- 圧縮フォルダーに名前をつけ、ファイルの総数も書いておく
- 送信ボタンを押す前に、添付忘れがないか、件名とフォルダーにあるファイル数が合っているかをもう一度確認する

03 相手の社名と名前は 絶対に間違えない

宛名を間違えないのは、最低限のマナーと心得る

お客様や取引先に文書やメールを書くとき、正式な社名や役職、名前がうろ覚えで正確に思い出せず、考え込むことはありませんか？以前やりとりしたメールを検索したり、名刺を探すのは意外と手間がかかるもの。何より間違いがあって、相手を不快にさせてはいけません。宛名を間違えないのは、最低限のマナーと心得ましょう。

宛名のミスを防ぐには、単語登録が役立ちます。

例えば「青空商事株式会社　営業部　鈴木一郎様」なら「@あお」などと登録します。登録の仕方は「@＋社名の2文字」など、自分なりのルールを作って統一してください。

そして「単語登録リスト」を作り、都度更新しておきましょう。誰をどのように登録したかを記録しないと、あっという間に忘れてしまい、登録した作業がムダになってしまうからです。

また、社内文書・メールで、相手の役職を間違えたときに、いちいち謝ったりするのも時間のムダです。そこで了解を得て、「さん」で統一してしまうのも一案です。

パソコンの「単語登録」を活用してリストを作る

「単語登録リスト」の例

読み	単語
@あお	青空商事株式会社　営業部　鈴木一郎様
@かと	加藤デザイン事務所　制作部　加藤花子様
@やま	株式会社山田サービス　広報部　佐藤実様

読みの登録は、「@＋社名の2文字」など、自分なりのルールを作って統一する

単語には「社名」「部署名」「担当者名＋敬称」を正確に登録。部署や担当者が変わったら、その都度変更しておく

リストを作り、都度更新しておけば間違えることはない

CHAPTER 1

04 休暇予定は メールの署名に入れる

CHAPTER 1 メール・ビジネス文書編

CHAPTER 2
CHAPTER 3
CHAPTER 4
CHAPTER 5
CHAPTER 6
CHAPTER 7

いきなり休むと、相手に迷惑がかかる

連絡する相手を選ぶ

直近1カ月にやりとりがある

↓

事前に連絡する！

直近1カ月にやりとりがある人は、
• 休み中に連絡がくる可能性が高い
• 突然休むと迷惑がかかる
だから、事前に連絡しておく

メールの署名で"ついで"に告知

差出人：
宛先：
CC：
BCC：
件名：

※勝手ながら8/1（月）〜8/5（金）は夏季休暇を取得いたします

株式会社○○○○
営業部　山本 一郎
TEL：03-0000-0000
FAX：03-1111-1111
abcde@abcdefg.co.jp
http://www.abcdefg.co.jp

• 休み中、携帯電話に至急の連絡がこなくなる
• プライベートな時間を満喫できる

3日以上休む予定があるなら、事前に知らせておく

社内に休暇の連絡をしても、社外の人には知らせる人は少ないようです。でも、取引先やお客様が、至急あなたに連絡を取りたいときはきっとあります。自分が顧客だとしたら、相手から折り返しの電話やメールの返信がないと「対応が遅い」とイライラしませんか？もしくは「数日間不在にするなら、なんで事前に知らせてくれなかったの？」と不満に思ったりするでしょう。

そう、お客様は自分の都合で連絡をしてき

ます。そして急いでいるのです。

そこで対策です。3日以上休む予定があるなら、事前に知らせておきましょう。タイミングは1カ月前くらいから。早くても問題はなく、ギリギリは避けてください。そうすれば先方も心づもりができるからです。

あなたが休暇を楽しめるように「ギリギリの依頼を減らそう」「締切日を遅らせよう」と、相手が配慮してくれるかもしれません。

一方、会社の休業期間。年末年始やお盆休みならホームページでの告知が一般的ですが、メールの署名に加えてもいいでしょう。ダブル効果でより伝わりやすくなります。

11

05 受信トレイのメールは 5通まで

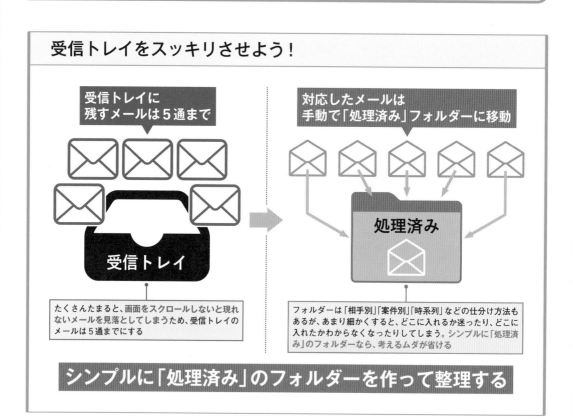

受信トレイをスッキリさせよう!

受信トレイに
残すメールは5通まで

たくさんたまると、画面をスクロールしないと現れないメールを見落としてしまうため、受信トレイのメールは5通までにする

受信トレイ

対応したメールは
手動で「処理済み」フォルダーに移動

処理済み

フォルダーは「相手別」「案件別」「時系列」などの仕分け方法もあるが、あまり細かくすると、どこに入れるか迷ったり、どこに入れたかわからなくなったりしてしまう。シンプルに「処理済み」のフォルダーなら、考えるムダが省ける

シンプルに「処理済み」のフォルダーを作って整理する

スッキリとした受信トレイは何とも爽快です!

受信トレイにすべてのメールを並べておくと、優先順位がつけられず大事なメールを見落とすリスクがあります。画面をスクロールしないと現れないメールも見落としやすく、納期遅延などにつながります。

このようなミスを防ぐには、「受信トレイに5通まで」をルール化しましょう。方法はフォルダーによる管理ですが、日付や相手、案件などで細かく分けすぎると、かえって非効率です。

そこで受信トレイの第一階層に「処理済み」のフォルダーを作ってください。「返信する」「頼まれた資料を送る」などの対応したメールは、「処理済み」に移動させます。

また、時間をかけずに処理できるメールが届いたときは、サクサク返信してしまいましょう。仕事は抱えるよりも、手放すことが一番。ストレスも減るはずです。

「処理済み」フォルダーにあるメールは一定期間保管しておき、後から探すときは検索します。よって受信トレイに残るメールはペンディング案件だけ。やるべきことが目につきやすく、To Do リストも兼ねています。

⑥ 文書で書き換えるところは赤字にしておく

メール・ビジネス文書編 CHAPTER 1

CHAPTER 2

CHAPTER 3

CHAPTER 4

CHAPTER 5

CHAPTER 6

CHAPTER 7

ミスしやすい箇所は赤字にして、自分に注意を促す

文書を時短で作成するなら、一度作った文書を保存し、必要箇所を書き換えて再利用する方法があります。しかし日付や数量、金額などの数字、相手の会社名・役職・氏名はミスしやすい箇所なので注意しましょう。

とくに日付は、作成日と実際に発信する日が異なることが多いでしょう。例えば上司のチェックを受けてから翌日に発信する場合は、日付を変更しなければなりません。

書き換えのミスをなくすための秘策は、変更箇所を赤字にして保存すること。スペースにする方法もありますが、書式が崩れたり、必要な言葉を書き忘れる可能性があるため、赤字で目立たせておくといいでしょう。

以前、ある企業の研修後に、人事部の方から礼状が届いたことがありました。嬉しくなって読んだところ、最後の一文にミスが……。「〇〇様のご活躍を祈念いたします」の〇〇に、他人の名前が入っていたのです。その時点で使い回しとわかり、がっかりしました。

このようにせっかくの気遣いや労力を台無しにしてはもったいない！　ぜひ赤字で自分に注意を促してみてください。

次回変更する箇所を赤字にして保存する

みなとみらい大学
就職課
主任　道平 陽子 様 ← **赤字にする** **宛先**

赤字にする **日付** → 2022年10月12日

株式会社　横浜物産
総務部
泉 達郎

拝啓　時下ますますご繁栄のことと……

敬具

記

[添付]
弊社「会社案内パンフレット」……50部 ← **赤字にする** **数量**

✕ **スペースだと…** 書式が崩れる、必要な言葉を書き忘れる

◎ **赤字にすると…** 目立つため、きちんと修正できる

07 大事なメールは 「受領」の返事をもらう

「まずは受領の返事だけでも くだされば幸いです」と書き添える

メールを送ったのに、相手から何のリアクションもない。となると「正しく届いたかな」「もしかしたら何かのエラーで届いていないのかも」と不安になることがあります。

大切な内容を送るときは「受領」の返事をもらうようにしましょう。お願いする方法は簡単で、メールに「まずは受領の返事だけでもくだされば幸いです」と書き添えればいいのです。

なお、メールソフトの開封確認（開封通知）を使えば、返信をもらわなくても、相手が受信・開封したことがわかります。ただし、「監視や指示をされているようだ」などの理由から不快に感じる人が少なからずいるのも事実。そう、あなたの周りにもいませんか？ 毎回大した内容ではないのに、開封確認で送りつけてくる人が……。

例外として、いつも仕事が遅かったり、返事をくれない相手であれば、ミスをなくすために開封確認を使うのも一手です。

その場合は、「返信のお手間を省くために開封確認でお送りしました」と書き、相手のメリットを強調するようにしましょう。

シーンに合わせて、返事をもらう／もらわないを使い分ける

大事な内容の場合

返事をもらう

メールのフレーズ

まずは受領の返事だけでも
くだされば幸いです。

効果

「届いていない」
「読んでいない」のミスを
防ぐことができます！

二方通行がベスト

大事ではない内容の場合

返事をもらわない 挨拶、お礼、受領の連絡など

メールのフレーズ

○○○○（お礼）ですので
返信はお気になさらずに。

効果

メールの往復が減らせて、
本来の業務に集中する
ことができます！

一方通行がベスト

08 自分の目を他人の目にする

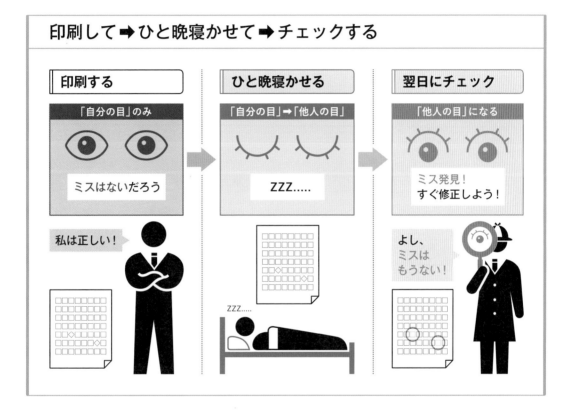

印刷して ➡ ひと晩寝かせて ➡ チェックする

印刷する	ひと晩寝かせる	翌日にチェック
「自分の目」のみ	「自分の目」➡「他人の目」	「他人の目」になる
ミスはないだろう	ZZZ.....	ミス発見! すぐ修正しよう!
私は正しい!	ZZZ.....	よし、ミスはもうない!

メール・ビジネス文書編 CHAPTER 1

CHAPTER 2
CHAPTER 3
CHAPTER 4
CHAPTER 5
CHAPTER 6
CHAPTER 7

セルフチェック力を高めれば、ミスに気づきやすくなる

ビジネス文書の誤字脱字、日付や数量、請求書の金額ミス。これらの書き損じを見落として発送してしまい、相手先から指摘されたことはありませんか? 修正や再送をすると余分な時間や郵便代などコストがかかります。

そもそもビジネスではミスがなくて当たり前と評価される厳しい世界です。もし文書にミスがあったなら、作り手のあなたが「そそっかしい人」と思われるだけでなく、企業の管理体制まで疑われかねません。

ダブルチェックは水際でミスを防ぐ良策です。でも、誰かにミスを見つけてもらう前提だとミスを繰り返し、責任感が育ちません。まずはセルフチェック力を高めましょう。

とはいえ、自分で自分の仕事をチェックすると、正しいという思い込みが邪魔をします。だからミスに気づきにくいのです。そこで自分の目を他人の目に近づけましょう。時間をおけばおくほど客観的になるので、少なくともひと晩は寝かせてから読み返してください。

また、印刷をすると紙がムダになる心配もありますが、画面上でチェックするよりも格段にミスが見つけやすくなります。

09 見積書や確認表で「伝えたつもり」をなくす

書面を取り交わして、お互いにチェックする

見積書でミスがないか確認してもらう

見積書

1. 商品　○○
2. 個数　200
3. 納期　○月○日 (○)
4. 金額　¥○○○○○

見積書を確認しました。200個ではなく、240個ですね

すぐに修正します！

相手が知りたいことを確認表に盛り込む

確認表

1. 印刷物
□□□□□□□□□□□□□
2. 机の位置
□□□□□□□□□□□□□
3. 備品
□□□□□□□□□□□□□

確認表の通りに準備しました

完璧な準備です！ありがとうございます！

「前回と同じ」「いつも通り」でも、書面にして取り交わすこと

「言った」「言わない」の失敗は、誰にでも一度はあるでしょう。例えば、得意先とのやりとり。いつもお願いしていることなので、当然わかってくれると思っていたのに「聞いていない。ちゃんと説明してくれないと困る！」と不満を言われた経験はありませんか？

「あうんの呼吸」「言葉にしなくても察する」で仕事をすると、ミスを誘発しやすくなります。

たとえ「前回と同じ」「いつも通り」であっても、都度書面にして取り交わしましょう。

受注する商品や数、金額、納期のミスを防ぐには見積書が有効です。先方に見積書を確認してもらえば、仕事に着手する前に気づくことができるからです。

私が研修をするときは、担当者の方へ「確認表」も送っています。これは準備物や運営要領を一覧化したものです。資料をデータで納品するなら、印刷の仕方や綴じ方までハッキリ書きます。

また、必要な備品や文房具を載せるのはもちろん、机の配置は6名グループ形式など、詳しく書いて伝わるようにしています。

10 大事な書類は 控えを取ってから送る

メール・ビジネス文書編　CHAPTER 1

CHAPTER 2

CHAPTER 3

CHAPTER 4

CHAPTER 5

CHAPTER 6

CHAPTER 7

万が一のときに備えて コピーやバックアップは必須

大事な書類や品物を郵送や宅配するときは、万が一のときに備えてコピーやバックアップを取っておきましょう。

一度手元を離れるのですから、なくなることを想定しなければなりません。輸送中に紛失したら賠償請求できる場合もありますが、データを入れたUSBメモリーや書類はお金には換えられません。

以前、切手を貼ってポストに投函した封筒がなくなったことがあります。郵便局に問い合わせても、理由がわからず諦めざるをえませんでした。やはり大事な書類やモノを郵送するなら、普通郵便より別の送り方を選択するのが賢明です。損害賠償の請求ができるのは書留、ゆうパックのセキュリティサービス。追跡調査ができた方がいいなら特定記録、レターパックなどがあります。

また、信頼できる配送業者を決めておくのも一案です。

そして、送る相手に「○月○日（○曜日）12〜14時着、○○運輸でお届けします」とあらかじめ伝えておけば、安心感を与えることもできるでしょう。

大事なものは、控えを取り、送り方も万全に！

送る前に、控えを残しておく

コピーやバックアップがあれば安心！

コピー

データ保存

一度手元を離れるので、なくなることも想定しなければならない

大事なものは普通郵便で送らない

損害賠償の請求ができる
- 書留
- ゆうパックのセキュリティサービス

追跡調査ができればいい
- 特定記録
- レターパック

大事なものを郵送するなら、普通郵便より別の送り方を選択しましょう。
費用は少々掛かりますが、万が一のときに備えてケチらないことです

まとめ

本文が長すぎるメールは読み飛ばされてしまう。
スクロールしないで一度に画面に表示される分量におさえる。

添付ファイルの有無は見落としやすい。
メールで送るファイルがあれば、本文を書く前に添付する。

宛名を間違えないのは最低限のマナー。
自分なりのルールで「単語登録リスト」を作り、都度更新する。

社外の人にも、3日以上休む予定があるなら事前に知らせる。
早くても問題はないので、タイミングは1カ月前くらいから。

受信トレイにすべてのメールを並べていると、見落とすリスクがある。
受信トレイに残すメールは「5通まで」をルール化する。

文書を書き換えて再利用する際に、数字や名称はミスしやすい。
そうした変更箇所は、赤字にして保存しておけばミスを防げる。

メールで大切な内容を送るときは、「受領」の返事をもらう。
送り状に「受領の返事だけでもくだされば幸いです」と書き添えればOK。

ビジネス文書の書き損じは、セルフチェック力を高めることで防げる。
印刷をして、少なくともひと晩は寝かせてから読み返すとよい。

たとえ「前回と同じ」「いつも通り」であっても、見積書や確認表で
その都度書面にして取り交わせば、「伝えたつもり」が防げる。

大事な書類や品物を郵送や宅配するときは、
万が一のときに備えてコピーやバックアップを取っておく。

CHAPTER 2

整理
整頓 編

⑪ デスクを物置にしない

テキパキと仕事がはかどるように執務スペースを確保する

あなたは1日何時間くらい会社のデスクに座っていますか？ 間接部門や主に内勤の人なら、大半がデスクワークだと思います。就業時間が9時〜17時の場合だと、お昼休憩を除いた勤務時間は7時間。となると、睡眠時間と同じくらい長い時間をデスクで過ごすことになります。

デスクは、人が仕事をするところです。考えたり、作業をしたり、書類を読んだり……。つまり、生産性の高い仕事をするために用意されたものです。ですからテキパキと仕事がはかどるよう、しっかりと執務スペースを確保することが大切です。ファイルや書類が広げられるスペース、パソコンが姿勢よく打てるスペースを作らなければなりません。

でも実際には、ごちゃごちゃと書類やモノであふれている人もいます。本来の目的は「仕事をするところ」なのに、いつの間にか「物を置くところ」に変わっています。このままでは、必要な書類が見つけられなかったり、文房具を探す時間が増えてしまったりします。

まずは、デスクの目的を理解することからはじめましょう。

デスクの目的をしっかり理解すること！

✕ デスクは「物置」ではない

飲みかけのジュース
落ちそうなファイル
ぐちゃぐちゃな書類
ビニール傘
古い書類をつめこんだダンボール

睡眠と同じ7〜8時間をデスクで過ごします。散らかったデスクは、あなたにとってリラックスできる空間ですか？

◎ デスクは「仕事をするところ」

スッキリして仕事がしやすい！

仕事がはかどる執務スペースのポイント

☑ ファイルやA4の書類を広げられる
☑ パソコンが姿勢よく打てる
☑ 連絡メモや回覧、書類を置ける

(12) 書類は寝かせない、重ねない

CHAPTER 1
CHAPTER 2 整理・整頓編
CHAPTER 3
CHAPTER 4
CHAPTER 5
CHAPTER 6
CHAPTER 7

下にある書類は見落としやすい

✗ 書類が"寝ている"

 重なって下になったファイルは自動的に上がってこない

↓

大切な書類が下になると、ウッカリ忘れやミス・クレームの原因になりかねない!

◎ 書類が"立っている"

進行中の書類はクリアファイルに入れてデスクの上に立てておく

引き出しの中のファイルも立てれば探しやすく、省スペースにもなる

ファイルや書類を立てておけば探しやすく、省スペースにもなる

「これから持っていく書類が見つからない」と、慌てて探すことはありませんか? もし、大事な商談があるのに約束した企画書や見積りを用意できなかったら……。想像したたけで冷や汗が出るのではないでしょうか。

以前いた職場で、ある男性社員から「数時間後の商談に必要な書類が見当たらない。探してほしい」と頼まれたことがありました。職場の全員で共有キャビネットや自分の机の周辺まで1時間近く探したところ、結局、彼の

机の上で見つかりました。彼のデスクの上には、雪崩が起きそうなほど書類が積み上げられていたのです。以来、彼は「整理・整頓が苦手」とレッテルを貼られてしまいました。

ファイルや書類は横に寝かせない、重ねないのが基本です。下から上へ積み上げていくと、下になった書類の優先順位が下がってしまい、締切りに遅れるなどのミスが発生してしまいます。また、他の書類に紛れ込んで迷子になる心配もあります。

解決策はシンプルで、執務中はファイルや書類を立てること。立てれば探しやすく、省スペースにもなり、仕事もしやすくなります。

⑬ "旬"を過ぎた書類は捨てる

"捨てる"を意識しなければ、書類はどんどん増えてしまう

なかなか捨てられない理由

- 日本特有の言葉「もったいない」
  ➡ モノを大切にする教え

- 思い出に浸りたい気持ち

- 自分の成果を
  異動・退職後も残したい気持ち

- 前任者や上司・先輩の書類を
  勝手に捨てて、恨まれたくない気持ち

- 「また使うかもしれない」という不安

「情」が整理の邪魔をする。
文書管理では「情」を排除しよう！

文書管理基準があれば捨てられる

❶勝手に捨ててはいけないものがある

永久保存	社史、登記、資産に関するものなど
一定期間保存	会社の会計に関するもの、税務に関するものなど

❷自分たちでルールを決める

種類	書類名	オフィスで保管	書庫で保存	保存期限後
報告書	研修参加報告書	1年	1年	廃棄
	議事録	1年	2年	廃棄
	業務日報	1年	2年	廃棄

保管・保存期限が過ぎているものは思い切って捨てる

デスクで必要な書類がすぐに見つからない人は、手持ちの情報量が多いのかもしれません。食べ物であれば賞味期限があり、それを過ぎれば腐るため、捨てざるをえません。でも紙は劣化しにくく、なんと2000年の歴史があるくらいです。つまり"捨てる"を意識しなければ、文書は増えていく一方です。

情報も時間が経てば、お役立ち度は低くなっていきます。そこで社内の文書管理基準を確認し、保管・保存期限が過ぎているものは、思い切って捨てましょう。

捨てられない症候群の人は、情が邪魔をしています。「苦労して作った書類だからもったいない」「思い出や成果は取っておきたい」「また使うかもしれないから」などは、すべて気持ちの問題です。でも文書管理基準があれば、その情を排除できるのです。

必要かつ"旬"な情報だけ入れたデスクに座れば、「何が」「どこに」あるかが明確になります。

また、スッキリした環境を作れば、頭にもスペースが生まれるので、大事な仕事に集中することができるでしょう。

14 捨てられない書類は パソコンに収納

データとして収納すれば、置き場所に困ることはない

　頭ではわかっていても、どうしても捨てられないものだってあります。セミナーで「捨てられないものは何ですか？」と質問すると、新入社員研修のときに使ったテキストや、指導役の先輩が毎日コメントを書いてくれた日報、頑張って作った報告書など、様々なものが出てきます。

　それらを丸ごと捨てるのが惜しいなら、デジカメで撮影したり、スキャナーで読み込んで、パソコン内にデータとして収納してしまう方法があります。モノではなくデータですから、置き場所を取りません。

　実は私のデスクには、なんと10年以上も大切に保管されていたものがありました。それはファイナンシャルプランナー資格のテキストです。会社員だった頃、少しだけキャリアアップしたくて猛勉強したものです。

　でも、デジカメで写真に撮ってデータ保存したので、現物を捨てることができました。すると引き出しには厚さ5cmのスペースが生まれたのです。

　データでも思い出は残せるので、ぜひお試しください。

CHAPTER 1
CHAPTER 2 整理・整頓編
CHAPTER 3
CHAPTER 4
CHAPTER 5
CHAPTER 6
CHAPTER 7

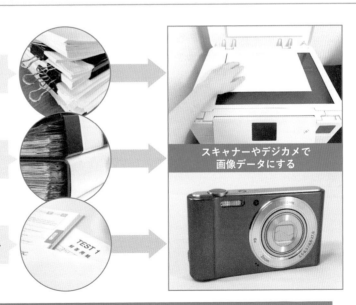

丸ごと捨てるのが惜しいなら、データにして収納する

使わない可能性が高いが、一応取っておきたい資料

1年に1回程度しか見返さない分厚い書類

思い出が詰まったテキスト

スキャナーやデジカメで画像データにする

パソコン内にデータで収納すれば置き場所を取らない

⑮ 書類は出したら戻す

スッキリ・快適なデスク環境にして大切な仕事に集中しよう

デスクでは「出したら戻す」を習慣にすると、進行中のものだけがデスクにあり、キレイをキープできます。そのためには書類やモノの住所を決めて、「取り出す／戻す」作業がスムーズにできる環境にしておきましょう。

ある企業では、終業後に上司が部下のデスクをチェックし、電話とパソコン2つ以外のモノがあればイエローカードを置いています。2枚たまったらレッドカード＝トイレ掃除というルールがあるのです。やや子供じみた躾(しつけ)の感はありますが、スッキリ・快適なデスク環境に近づくのは間違いありません。

パソコンも同様で、使わないファイルを開きっぱなしにすると、動作が鈍くなってしまいます。また、デスクトップに使わないファイルを放置していないか、ファイルはフォルダー別に管理しているかも確認してください。作業効率を高め、ミスを減らすには、地道で当たり前のことこそ大切です。

定型業務だけでテンテコ舞いでは、成長は望めません。デスクとパソコンをスッキリさせ、クリアになった頭で大切な仕事に集中し、結果を出しましょう。

デスクとパソコンをキレイにするワザ

デスクのキレイをキープする

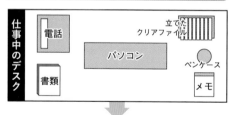

帰るときに電話とパソコンのみ出しておき、書類はしまう。これを習慣づけると、いつでもキレイをキープできる！

デスクトップもキレイにする

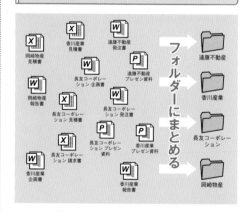

デスクトップのキレイをキープするポイント
- ☑ デスクトップには必要なファイルだけ置く
- ☑ フォルダーを作ってファイルを整理整頓する
- ☑ 文書管理基準を元に古いデータは捨てる

16 ファイル名には日付をつける

ファイル名は日付の数字で表現する

✕ 思いつきのファイル名だと…
Ａ社修正企画書
再送Ａ社企画書
最終版Ａ社企画書
Ａ社企画書確定

修正？ 再送？ 最終？ 確定？

どれが最新版かわからない…

◎ 日付をつけたファイル名だと…

❶使う日が決まっている場合

2X0515A社テキスト

202X年	5月15日	顧客	種類

実施する年月日と顧客・種類をつけておけば、作り手、受け手ともに管理しやすく、検索もしやすい

2X0515A社テキスト②

修正があれば、お尻に連番を振って差し替えてもらう

❷進捗を知らせる場合

2X0515原稿　2X0601原稿

作成日を入れると、最新版がどれかひと目でわかる

日付や連番を振れば時系列になり、整理・整頓がうまくいく

パソコンでファイル名をつけるときは、数字を入れると管理しやすくなります。日付や連番を振れば時系列になるので、フォルダーの整理・整頓もグンとうまくいきます。

逆に、ファイル名を思いつきでつけてしまう人は要注意です。言葉だけ羅列していくとファイル名はどんどん長くなるうえ、後で検索するときに思い出せないこともあります。とくに相手とやりとりする書類は、お互いに内容がひと目でわかるようにしなければなり

ません。例えば、元データに修正を加えるとき「修正」「再送」「確定」「最終」などのファイル名で送ってくる人がいます。これでは、もらった相手はどれが最新のものだかわかりにくく、誤ったファイルを選んではミスにつながりかねません。

日付を入れるときは、作成日か実施日にしましょう。私が研修のテキストを作るときは「220625A社テキスト」と実施日を入れています。こうすれば後で検索しやすくなるからです。また相手に送った後で修正・再送する場合は、「220625A社テキスト②」とお尻に連番を振っています。

(17) 文房具は１つずつにする

文房具は多く持たずに厳選する

モノが見つけやすい引き出しにする

引き出しのモノは１つずつ

とくにボールペンは厳選する

- インクが出るもの
- 字がキレイに書けるもの
- 自己投資すればモチベーションアップ！

デスク用
- 事務がはかどる

ex.ぺんてるエナージェル

面談用
- イメージ戦略で勝負
- 文字入れして自分だけのもの

ex.クロス

マルチで活躍するペンケース

デスクではペン立て

お出かけするときはペンケース

研修・セミナーを受けながら熱心にメモする人は、このペンケースを持っていることが多い

デスク周りにスタンバイするものは生産性を左右する

あなたのデスクにはボールペンが何本ありますか？　消しゴムやはさみ、ホチキスはいかがでしょう。もし、たくさんあるなら要注意。引き出しが閉まらない、片づかない、必要なモノが見つけにくい……。これらの原因は、同じ文房具を数個ずつ持っているからかもしれません。

そこでおすすめしたいのが「ワンベスト」。これは、引き出しのモノは「１つずつあればいい」という意味です。１つといっても、安易に考えないでください。デスク周りにスタンバイするものは生産性を左右しますから、品定めが大切です。とくにボールペンは使用頻度が高いので、インクが出るもの、字がキレイに書けるものなど、お気に入りを厳選してください。営業やコンサルタントであれば、お客様の前で使う『勝負ボールペン』を別に用意するのも一手です。

なお、「立つペンケース」も人気です。デスクではペン立てとして使い、商談や研修があればケースごとまとめて連れて行けます。すると、"どこでもデスク"に早変わり。ノートやメモが取りやすくなるでしょう。

CHAPTER 2

⑱ 在庫切れをなくす ルールを作る

「どこに」「何を」「いくつ」の 『3定』でルールを決めておく

引き出しの中はワンベストが基本。でも、万が一に備えて共有キャビネットには在庫を用意しておきましょう。必要なものは過不足なく。そうでないと仕事が滞るからです。

在庫切れをなくすためのルールは『3定』で決めておくといいでしょう。

『3定』とは、どこに（定位置）、何を（定品）、いくつ（定量）という3つの「定」を決めるやり方です。

以前、『3定』を知らなかったばかりに悔やまれたことがあります。

取引先から「明日、見積書を持ってきてほしい」と頼まれたのですが、運悪くプリンターのインクが切れたのです。しかもインクの予備はなく、慌てふためきました。

こうならないように、「共有備品トレーに」「プリンターのインクを」「常時1つ」とストックのルールを決めておくべきでした。

コピー用紙、名刺、切手なども『3定』で切らさないようにしましょう。さらに最小と最大の数を決めて、最小になったら最大になるよう発注すれば、買いすぎや過剰在庫といったムダ遣いを防ぐことができるでしょう。

『3定』で買いすぎや過剰在庫などのムダ遣いを防ぐ

「どこに」「何を」「いくつ」を決める

『3定』の例

どこに（定位置）	何を（定品）	いくつ（定量）	発注・購入、保管のルール
店頭ラック	新商品○○のパンフレット	最小20～最大40部	残りが20部になったら20部発注する
キャビネット	文房具通販のカタログ	1冊	最新版が届いたらバックナンバーは破棄する
共有文房具トレー	修正テープ	最小5～最大8個	残りが5個になったら3個購入する

『3定』でルールを決めれば必要なものが過不足なく、在庫管理がうまくいく

家でも『3定』にトライしてみよう

どこに（定位置）	トイレの棚
何を（定品）	トイレットペーパー
いくつ（定量）	最小2～最大10個

3つ目を使用したら補充する

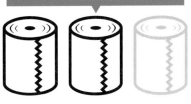

CHAPTER 1
CHAPTER 2 整理・整頓編
CHAPTER 3
CHAPTER 4
CHAPTER 5
CHAPTER 6
CHAPTER 7

⑲ 「ポーチ収納法」で 忘れ物をなくす

仕事の目的に応じた ポーチを作って管理する

忘れ物を防ぐには、目的別のポーチを作って管理する方法があります。

私は研修やセミナー、講演会に登壇するとき、パソコンでスライドを上映しながら話しています。そのためパソコン本体の他、必要なアイテムを持参するのですが、1つでも忘れると進行に支障をきたしてしまいます。

そこで考えたのが「プレゼン用ポーチ」です。100円ショップで買った透明の袋に必要なものを入れるだけ。レーザーポインター、ノートパソコンからプロジェクターへつなぐ変換コネクター、討議時間を計るタイマーがマストアイテムです。リスク対策として、パソコンが故障した際に備えて上映用のデータを入れたUSBメモリー、替え電池もあります。

これらをひとまとめにしてポーチに入れ、普段はデスクの引き出しにスタンバイ。外出指令があれば、そのままバッグに入れて出かけています。透明なので中身が一目瞭然で、忘れ物がないかをチェックできるメリットもあります。

時短で準備でき、忘れ物がなくせるポーチ。仕事の目的に応じて作ってみてください。

時短で準備でき、忘れ物がなくせるポーチ

目的別に小物をひとまとめにする

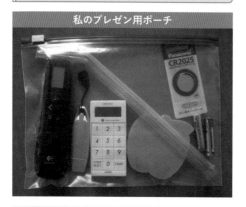

私のプレゼン用ポーチ

- 100円ショップで買える 「スライダー付収納バッグ」を使用
- B7〜A4の様々なサイズがあり、モノの量によって使い分けができて便利

時短で準備でき、忘れ物が防げる

○○社まで プレゼンに 行ってきます

普段はデスクの引き出しに立てて入れ、必要なときに取り出せばOK。社内ならポーチのままで、社外ならバッグに入れて持ち歩く

20 「出張持ち物リスト」を作る

荷造りも定型業務の1つ。効率よく準備しよう

出張持ち物リストの例

見出し	品物	1泊	2泊
当日入れるもの	眼鏡		
	手帳		
	スマートフォンの電源		
洗面道具	洗顔フォーム	✓	
	ヘアスプレー	✓	
	ハンカチ	✓	
	ポケットティッシュ	✓	
薬	風邪薬	✓	
	胃腸薬	✓	

前日まで使って、当日の朝に入れるものは一番上に書いて目立たせる

荷造りしたものには『✓』を入れて管理する

洗面ポーチ

常備薬ポーチ

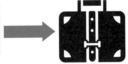

月に1回は出張するなら、普段使うものとは別に出張用に使う目的別ポーチを作り、旅行用バッグやカートに入れたまま収納しよう。すると、荷造りが早くできる

事前にリストを作っておき、当日の朝に最終チェックを入れる

出張する機会がある人なら、持ち物リストを作っておくと便利です。1泊用、2泊用をそれぞれ用意しておきましょう。

リストがあれば、忘れ物をなくせるうえに、考えるムダも省けます。出張する都度「何が必要だったかな」と思い出しながら、ハンカチ、コンタクトレンズ用品、下着が何枚などと荷造りするのは意外と面倒だからです。

また、リストはグルーピングといって、まとめて書いておくと効率的に荷造りできます。

洗面用具、化粧品、下着、洋服などの見出しを作った後、具体的に品物と数を洗い出していきましょう。ただ季節や仕事の目的、相手先によって多少持ち物は変わるので、自由記入欄を残しておきます。スマホの電源や眼鏡など前日も使用するものは、当日の朝に忘れないようリストで目立たせておきましょう。

いくら全国各地にコンビニエンスストアがあったとしても、忘れ物は精神的に余裕をなくす一因です。また、移動中や仕事中に買い物ができるとは限りません。ですから事前にリストを作っておき、当日の朝に最終チェックを入れる。これで忘れ物を防げます。

CHAPTER 1
CHAPTER 2 整理・整頓編
CHAPTER 3
CHAPTER 4
CHAPTER 5
CHAPTER 6
CHAPTER 7

まとめ

デスクは、生産性の高い仕事をするために用意されたもの。
効率的に仕事がはかどるよう、しっかりと執務スペースを確保する。

ファイルや書類は横に寝かせない、重ねないのが基本。
立てて整理しておけば探しやすく、省スペースにもなる。

保管・保存期限が過ぎている書類は、思い切って捨てる。
"旬" な情報だけのデスクなら、「何が」「どこに」あるかが明確になる。

丸ごと捨てるのが惜しい書類は、デジカメで撮影したり、
スキャナーで読み込んで、パソコン内にデータとして収納する。

デスクでは「出したら戻す」を習慣にする。書類やモノの住所を決め、
「取り出す／戻す」作業がスムーズにできる環境にしておく。

パソコンでファイル名をつけるときは、数字を入れると管理しやすい。
日付や連番を振れば時系列になり、フォルダーの整理・整頓もうまくいく。

文房具は、たくさん持たずに「1つずつあればいい」を心がける。
ただ、デスク周りの文房具は生産性を左右するため、品定めが大切。

必要なものを過不足なく、在庫管理するポイントは『3定』。
「どこに」「何を」「いくつ」のルールを決めれば、過剰在庫が防げる。

忘れ物を防ぐには、目的別のポーチを作って管理する方法がおすすめ。
必要なものをまとめてポーチに入れ、デスクの引き出しに入れておく。

出張する機会がある人なら、持ち物リストを作っておくと便利。
リストがあれば、考えるムダも省けるため、効率的に荷造りできる。

CHAPTER 3

メモ
ノート 編

㉑ メモと筆記用具は
いつも携帯する

いつでもどこでも、メモできるようにしておく

ボールペンは身体の一部

女性は制服なら胸元にペンをさせるが、私服だと身につけにくい。そこでおすすめなのがストラップ付ボールペン。邪魔にならず、いつでも携帯できて便利！

使い勝手のいいメモを選ぶ

私が愛用しているメモ帳は銀座伊東屋の「リーガルパッド」シリーズ。サイズもちょうどよく、破りやすさも◎です

- ピリピリ破りやすいメモは使いやすい
- デスクで邪魔にならないサイズが◎
- 裏紙を使うなら、情報漏洩に気をつける

メモと筆記用具は
いつでもスタンバイしておく

　大事なことは記憶に頼らず、記録をしてウッカリ物忘れを防ぎましょう。メモと筆記用具はいつでもスタンバイできるよう、身体の一部のように携帯してください。指示を受けるとき「書くものがありません。席へ取りに行きます」では遅いのです。

　また、アイデアが浮かんだとき、瞬時に書き留めておかないと思い出せなくなります。アイデアは宝物ですからムダにしたらもったいない！　外出するときも、忘れずにバッグの中にメモと筆記用具を入れておきましょう。

　メモは、使いやすいものを選ぶといいでしょう。ミスをした書類の裏紙で作る場合もありますが、ごみ箱に捨てても問題ない紙だけにしてください。メモは手で切り刻んで捨てても、シュレッダーにかける人は少ないからです。

　私の場合は「リーガルパッド」シリーズのメモ帳を愛用しています。デスクに置いても邪魔にならないサイズですし、赤と黄色が目立つので、すぐ見つかります。ピリピリ破けるので1枚だけ切って持ち歩くこともでき、重宝しています。

(22) 連絡メモに優先順位を書く

パッと見て理解できるように、「読む」より「見る」メモにする

連絡メモは、名指し人が不在で、代わりにあなたが電話応対や来客応対をしたときに記入します。このメモによってコミュニケーションミスが防げたり、同僚とのチームワークが強化されるので、侮ってはいけません。

まずは「メモの書き方」を説明します。ぜひ「読む」より「見る」メモにしてください。6W3H（P46参照）で要点を正確に、箇条書きでスッキリさせれば、忙しい人もパッと見て理解できます。緊急・重要案件であれば赤字や

大きな字で書くなど、とにかく目立たせます。

次に「伝え方」です。メモを書いたら、すぐ相手の机の目立つ場所に置きます。「後からまとめて渡そう」と自分の手元にためておくと、なくしたり渡しそびれたりするからです。

メモを置きに行ったときに、他のメモがあった場合、並び順を変えてみてください。時間順でなく優先順位の高いメモを前にするのです。外出先から戻った人が、すぐに大事な仕事に取りかかれるように段取りを整えておきましょう。さらに口頭で「至急はこれです」「お手伝いしましょうか」と添えれば、チームワークも高まることでしょう。

忙しい人もわかりやすいように、メリハリのあるメモを書く

出村様
A社堤様より電話がありました。明後日の訪問時間を変更してほしいそうです。大丈夫ですか!? 先方は13時〜を希望しています。ご都合を折り返しTelしてください。

Tel：03-XXXX-XXXX
よろしくお願いします。

山上

出村様 至急 山上受け
5月7日 15:15
A社 堤様より電話がありました
折り返し電話をしてください
Tel番号：03-XXXX-XXXX

［用件］5月9日（水）
訪問時間変更
10時→13時
※その他変更なし

メモの渡し方・NG 3カ条

✕	後でまとめて渡す	→	他の書類に紛れる、渡し忘れる
✕	上に重ねておく	→	気配りなし、チームワーク低迷
✕	渡したら知らんぷり	→	たてわり意識、個人主義

23 メモの紛失を防ぐ！

ペーパースタンドで立てておけば、なくなる心配はない

メモで怖いのは、紛失することです。

メモは小さなサイズの軽い紙ですから、デスクの近くを人が通り過ぎるだけで飛んでしまうこともあるでしょう。

また、書類の散らばったデスクに直接置いてしまうと、他のファイルに紛れ込み、気づかれないこともあります。

そこでおすすめしたいのが、メモ用グッズです。ペーパーウエイト（紙が風などで飛ばないように押さえる重し）や、ペーパースタンドをぜひ手に入れてください。

私は「マーブルスタンド」という手のひらサイズのペーパースタンドを長年愛用しています。これは紙1枚でも立つ優れもの。このスタンドでメモを立てておけば、なくなる心配はありません。さらにA4サイズでもキチンと立つので、しかかり中の書類を立てておくときも重宝しています。

ペーパーウエイトを使用した場合、メモを見ながら作業がしづらいので、できればペーパースタンドを使用しましょう。

やはり紙は寝かせるより立たせた方が見やすくなり、仕事がはかどります。

とても役に立つ「ペーパースタンド」

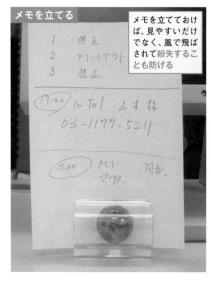

メモを立てる

メモを立てておけば、見やすいだけでなく、風で飛ばされて紛失することも防げる

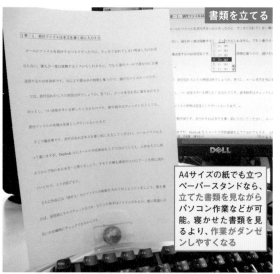

書類を立てる

A4サイズの紙でも立つペーパースタンドなら、立てた書類を見ながらパソコン作業などが可能。寝かせた書類を見るより、作業がダンゼンしやすくなる

メモも書類も立てておけば見やすく、紛失も防げる

㉔ 『帝国ホテル流』マイごみ箱

書類やメモは、"マイごみ箱経由"で捨てる

紙ごみは、まずはマイごみ箱へ

マイごみ箱　　共有ごみ箱

「いらない」と思った書類やメモは
いったんマイごみ箱に入れて、
1日以上は保管しておく

その後、共有ごみ箱に捨てる

マイごみ箱　　共有ごみ箱

「3日後」「作業中の案件が終了したら」
などのルールを決めて、
それを過ぎたら共有ごみ箱に捨てる

CHAPTER 1
CHAPTER 2
CHAPTER 3 メモ・ノート編
CHAPTER 4
CHAPTER 5
CHAPTER 6
CHAPTER 7

本当にごみなのか、もう一度チェックしてから捨てる

　帝国ホテルでは、お客様が「間違って捨ててしまった！」というミスに対処できるよう、ごみ箱の中身をチェックアウトの後にもう1日保管するそうです。以前、メモをなくした宿泊客がいたのですが、ホテルの対応に助けられたという逸話があるくらいです。

　日頃「オフィスの整理整頓セミナー」を担当すると、参加者の皆さんから様々なお悩みを聞きます。やはりモノが捨てられない人が多いのですが、少数派ながら「必要な書類まで勢いよく捨ててしまうので、困ることがあるんです」という話も聞きます。

　そこで実践したいのが、「マイごみ箱」を作ることです。「いらない」と思った書類やメモはいったんマイごみ箱に入れ、1日〜数日間保管しておきましょう。入れるのは紙ごみだけで、ペットボトルなどは入れません。

　シュレッダーにかけたり、共有のごみ箱に捨てると書類は元に戻りませんが、マイごみ箱にあればセーフです。とくに下書きのメモ、経費請求するレシートなどは誤って捨てやすいようです。その書類は本当にごみなのか、もう一度チェックしてから捨てましょう。

25 ノートは1案件につき 見開き1ページ

ノートはケチらず、思いきって使う

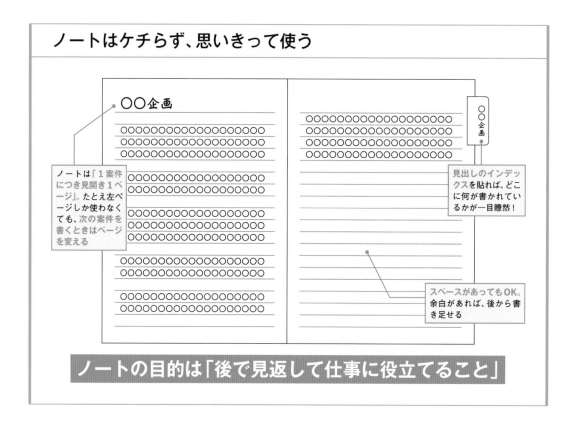

ノートは「1案件につき見開き1ページ」。たとえ左ページしか使わなくても、次の案件を書くときはページを変える

見出しのインデックスを貼れば、どこに何が書かれているかが一目瞭然！

スペースがあってもOK。余白があれば、後から書き足せる

ノートの目的は「後で見返して仕事に役立てること」

「ノートを書くこと」だけに 一所懸命になってはいけない

ビジネスパーソンにとってノートは必須アイテムです。仕事を教わるとき、報連相をするとき、打ち合わせで記録するとき、アイデアを出すときなど、マルチに活躍しているはずです。小さなメモに書く人がいますが、書くスペースが少なく、なくしてしまう場合もあるのでノートを使いましょう。書類やファイルと同じくA4サイズにすれば、デスクの中でも管理しやすく迷子になりません。

また、ノートを書くことに一所懸命な人が

いますが、目的は「後で見返して仕事に役立てること」。ですから必要な記述を探したいとき、すぐに見つけられるようにします。

そこで「1案件につき見開き1ページ」にトライしましょう。左のページで書くことが終わって空白ができても、ケチらず、次の案件を書くときはページを変えてください。

さらにインデックス式の付せんを準備し、案件やテーマ、日時などを書いてページにペタっと貼ることをおすすめします。この見出しがあれば、どこに何が書かれているのか一目瞭然！ 書くだけでなく役立つノートを目指しましょう。

26 社外の人と会うときは『カルテ式ノート』

病院の『カルテ』のように、
企業別にファイルを作って保管する

　営業などで複数の企業とおつき合いする人は、訪問時にレポートパッドを使うことをおすすめします。他社の人と対面するとき、何気なく持ち物を見られることがあるからです。

　ときにノートは、ページをめくる際に他の情報が見えてしまいます。実際、相手のノートに当社と競合他社の比較情報が書かれてあり、気になったことがありました。

　そこで打ち合わせ中にメモを取るなら、何も書かれていないレポートパッドにしてはい

かがでしょうか。会社に戻ったら、ページを切り取ってファイルに入れてください。そのファイルは『カルテ式』にして管理します。

　病院では、患者一人ひとりのカルテがありますよね。診察中、患者は自分のカルテは見えますが、他の患者の情報は見られないしくみになっています。同様に、私たちも企業別にファイルを作って保管し、訪問するときはそのファイルごと持っていくようにします。

　情報管理ができていれば、相手に安心感を与えることができます。ファイルをサッと取り出して「貴社の仕事に力を注いでいます！」のメッセージも発信しましょう。

レポートパッドなら、『カルテ式』の管理がしやすい

訪問時はレポートパッドを使う

ノートだと
ページをめくるときに他の情報が見えてしまう

そこで

レポートパッドなら
何も書かれていないため、他の情報が見えることはない

情報管理ができているので、相手に安心してもらえる

切り取ってファイルに入れる

切り取ったレポートパッド

大事なメールを印刷したもの

A社の企業データ

関連書類

案件の進行表

A社

訪問から戻ったら、
ページを切り取ってファイルに入れる。
手前から奥へ入れる順番を
決めておけば、管理がしやすい

27 指示する人もメモしておく

「指示とフォローはセット」と心得ておく

部下や後輩に、指示をするときは、内容や期限をきちんとメモしておきましょう。メモがないと進捗管理をしたり、万が一のとき対応できなくなるからです。新入社員研修を担当すると、「指示を受けるときはメモを取りましょう」と指導します。でも指示する側になると、口頭だけで済ませ、メモを取る人は少ないように感じます。

あなたの周りにもいませんか？ 思いつきで頼んでは忘れてしまう、急に方向転換する、話がコロコロ変わる人たちが。私はそんな困ったちゃんとつき合ううちに、彼らが共通してメモを取っていないことに気づきました。

指示するなら、責任を持ちましょう。指示した内容や納期を自分の手帳やノートに書いたり、送信メールを保管しておくだけで十分です。記録すれば「調子はどう？」と進捗状況を確認したり、アドバイスもできるようになります。

一方の部下や後輩は「自分のことを気にかけてくれている」と思ったなら、きっとあなたに信頼を寄せます。ぜひ「指示とフォローはセット」と心得ておきましょう。

嫌われる指示の出し方／信頼される指示の出し方

㉘ 会話のネタは付せんに書く

「付せんメモ」を活用して、話すことを忘れないようにする

会話のネタを考えておく

相手にとって役立つ情報

今朝の新聞によれば…

お役立ち文房具を見つけたんです

共通するネタ

横浜においしい焼肉店ができました

先日のサッカー日本代表の試合で…

笑えるネタ

私の失敗談を聞いてもらえますか？

付せんにキーワードを書いておく

✓アドバイスのお礼
・状況報告
・スケジュール質問

話し終えた項目は『✓』を入れておけば、会話の忘れ物がなくなる

訪問する前にこちらから伝えることのキーワードを付せんに書いておき、手帳やレポートパッドに貼る

CHAPTER 1
CHAPTER 2
CHAPTER 3 メモ・ノート編
CHAPTER 4
CHAPTER 5
CHAPTER 6
CHAPTER 7

必ず質問すること、こちらから伝えることを箇条書きにする

営業先や得意先で「聞き忘れ」や「言い忘れ」をすると、訪問後に電話やメールをしなければならず、二度手間となります。

しかも相手の時間を奪うため、迷惑がられるかもしれませんし、「あの人は忘れっぽい」といった悪評が立ってしまうと、「信頼できないから他社に変えよう」とお客様が離れていく可能性もあるので注意してください。

相手先から「○○さんなら任せて安心」と言ってもらえるように、しっかり準備してから出かけましょう。

訪問する前は、会話のネタを考え、付せんに書いておくようにします。

といっても備忘録なので、必ず質問すること、こちらから伝えることを箇条書きするだけで十分です。

付せんはメモを取るレポードパッドに貼るか、見られたくないなら手帳に忍ばせておくのもいいでしょう。いずれにしても会話をしながら、ときおり付せんをチラッと見て確認してください。

話し終えた項目は『✓』を入れて管理しておけば、会話の忘れ物がなくなります。

㉙ 名刺交換したら余白にメモ

再会したときに役立つ名刺のメモ

デスクに戻ったら情報をメモ

名刺交換した後、デスクに戻ったらそのときの情報や話の内容などを書き添える

裏面も印刷されていたら余白に書き込む

名刺の裏面

```
初対面：20XX年8月4日（木）
案件　：「OA機器」採用担当者
紹介者：人事部 小崎様
経歴　：2007年入社
　　　　大阪営業部3年
　　　　千葉総務部4年
趣味　：ダイビング
```

たとえ相手が話したことでも、「メタボ気味」「おしゃべり」など、体の特徴や欠点は書いてはいけない。万が一、名刺を落とした場合に備えておくこと

再会するときに名刺を持参する

最近もダイビングをなさってますか？

ダイビングのこと、よく覚えていてくれましたね！

やってますよ〜♪
今年の夏休みは石垣島に行って…

相手の名前や情報を間違えないようにインプットでき、顔は思い出せなくても、話が弾む効果がある

ほんの少しの手間だけで、人間関係は豊かになる

名刺交換は、ともすれば儀礼のように行われます。でも目的は「ビジネスチャンスに活かすこと」。そこでデスクに戻り次第、余白にメモ書きをしましょう。初対面の日時、場所、案件、紹介者、話の内容を基本に、さらに趣味や家族構成など、先方が自分からプライベートの話題もしたなら書き添えておきます。

その後、再会するチャンスが訪れれば、その名刺を持って出かけましょう。これは社名や名前などの情報を間違いなくインプットしてから相手に会うためです。これで記憶違いがなくなります。

以前、ある人と再会したとき、名刺に書いた「ダイビングが趣味」というメモに助けられました。再会するまで2年ほど経過し、顔もうろ覚えでしたが、「最近もダイビングをなさっていますか？」と質問することができたのです。すると「そんなことまで覚えていてくれたんですね」と喜ばれ、話が弾みました。

ほんの少しの手間だけで、人間関係は豊かになります。名刺が単なるビジネスツールを超えて出会いの切符、末永いおつき合いのはじまりになるよう活用したいものです。

30 修正や改善点に気づいたら その場で直す

できれば当日、遅くとも翌日には直してしまおう

提出する前、書類を何度もチェックしたのに、後から誤字脱字やケアレスミス、改善したい点を見つけることがあります。

私の場合は、研修やセミナーのテキストを作ることが多いのですが、登壇中にミスとは言えないまでも、「もっとわかりやすくするために次回は変更したい」箇所を発見することがあります。そのとき「帰ってから見直そう」「次の依頼からで間に合うだろう」と先送りすると、時間と共に記憶が遠のいてしまいます。

もしデスクに修正する書類を積み上げておいたなら、だんだん億劫にもなるでしょう。

気づいたらすぐにその場で修正！　これが基本です。できれば当日、遅くとも翌日にはデータを直してしまいましょう。発表中や商談中であれば、相手に気づかれない程度に赤字や付せんで印をつけておき、デスクに戻ったらすぐに元のデータを修正してください。

修正を終えたら、使用済みの書類とデータそれぞれに修正日を記録しておきます。すると次回はミスを探す作業が減るので楽になります。ミスは早いうちに芽を摘んでおくこと。そして次回はノーミスを目指しましょう。

CHAPTER 1
CHAPTER 2
CHAPTER 3 メモ・ノート編
CHAPTER 4
CHAPTER 5
CHAPTER 6
CHAPTER 7

「すぐに修正！」が次のミスをなくす秘訣

ミスや修正する箇所には その場で付せんかメモをする

修正するページの上部に付せんをつけておけば、全ページを見直さなくて済む

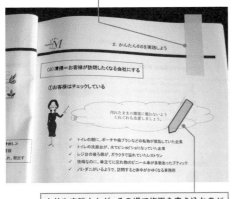

人前や商談中など、その場で修正を書き込むのが難しければ、付せんを貼るだけでOK

できれば当日、遅くとも翌日には 一気に元のデータを修正する

修正したデータの件名には修正日を記録

2X0205text
↓
2X0205text 修正 (0206)

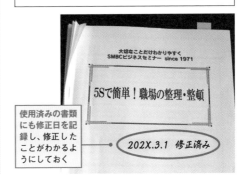

使用済みの書類にも修正日を記録し、修正したことがわかるようにしておく

202X.3.1 修正済み

㉛ 発表用メモは文章にしない

発表用メモは、項目やポイントを箇条書きしておくだけで十分

「どうしたら人前でうまく話せるようになりますか?」という質問をよく受けます。

私がアドバイスするなら、発表用メモは文章にしないということです。

司会、発表、プレゼン、研修をするとき、こんな風に紙に書く人がいます。「皆さん、おはようございます。今日はお忙しい中お集まりくださりありがとうございます。私は…」。

このような文章にしてしまうと、紙を手に持ちながら目線は文字を追い、読み上げるスタイルになります。緊張すると手は震え、早口になり、聴衆の様子を窺う余裕などありません。これでは、いかにも慣れていない不自然な印象を与えてしまうのです。

発表用メモは項目やポイントを箇条書きしておくだけで十分です。何度かリハーサルをすれば、後は度胸です。

目線は聴衆へ。たとえ言葉がつかえても、「失礼しました」といちいち言わずに先へ進めてください。そのときお守りになってくれるのは、演台やデスクに置いたメモです。ときおりチラッと確認するだけで、言い忘れを防ぐこともできるでしょう。

発表用メモは、項目やポイントを箇条書きにする

✕ 発表用メモが文章だと…

おはようございます。○○社の山本太郎です。本日はよろしくお願いいたします。今回ご紹介する商品は、□□□□□□□ □□□□□□□□□□□□□ □□□□□□□□□□□□□

文章にしてしまうと、単にそれを読み上げるスタイルになってしまう

◎ 発表用メモが箇条書きだと…

- 挨拶
- 商品説明
  - 特徴1 小さい
  - 特徴2 軽い
  - 特徴3 速い
- 従来品との比較
- 値段
- □□□□
- ○○○○○○

項目やポイントを箇条書きしておくだけでOK

文章だと目線は文字を追って聴衆に向かない

箇条書きなら目線は聴衆に向く

㉜ 議事録で証拠を残す

議事録のテンプレートを作り、モレがないように記入する

議事録のテンプレート

○○会議　議事録	日時	場所
議題		
出席者		
決定事項		
【討議事項】		
懸案事項		
配布先		
作成日	作成者	

「決定事項」は特に重要。討議の経過よりも結論を先行する

「懸案事項」は「気がかりなこと」「まだ解決していないこと」の意味。「いつまでに」「誰が」「何をするか」をハッキリさせる

その他のポイント
- 記憶があいまいな箇所は、出席者に確認をしてから記載する
- 議事録は会議終了後、遅くとも24時間以内に作成する
- 最後に会議の責任者の確認をとって、関係者全員に配布する

A4・1枚の表形式でテンプレートを作っておき、空欄に箇条書きする

社内の会議で話し合ったことは、きちんと記録しましょう。2人以上で仕事を進めるときは、目に見えないものを文字にして証拠に残す。これが「言った」「言わない」のミスを防ぐ秘訣です。

会議に出るとき、多くの人は自分のノートに大切なことを書いたり、ホワイトボードの内容を写したりします。でも、一人ひとりが違う記録をすると解釈が変わり、後になって混乱するリスクがあります。

そこで、おすすめするのが議事録です。1人が議事録を作って、みんなに配りましょう。

議事録といっても、難しく考えないでください。A4・1枚の表形式でテンプレートを作っておき、空欄に箇条書きすれば十分なのですから。

とくに重要なのが決定事項で、これさえ間違えなければ安心です。また「懸案事項」は、「いつまでに」「誰が」「何をするのか」をハッキリさせましょう。

議事録があれば、人による記憶違いや解釈のズレ、宿題のウッカリ忘れを防げるようになります。

まとめ

大事なことは記憶に頼らず、記録をしてウッカリ物忘れを防ぐ。
メモと筆記用具は、いつでもスタンバイできるように携帯しておく。

連絡メモは、忙しい人もすぐ理解できるように「読む」より
「見る」メモにする。緊急・重要案件は、赤字などで目立たせる。

メモは小さなサイズの軽い紙であるため、紛失の恐れがある。
ペーパースタンドでメモを立てておけば、紛失の心配はなくなる。

「いらない」と思った書類やメモでも、「マイごみ箱」に一定期間保管する。
そして「本当にごみなのか」をもう一度チェックしてから捨てる。

ノートの目的は「後で見返して仕事に役立てること」。
ケチらずに「1案件につき見開き1ページ」を使い、見やすく仕上げる。

打ち合わせ中のメモは、何も書かれていないレポートパッドに書く。
情報管理ができていれば、相手に安心感を与えることができる。

他の人に指示をするときは、内容や期限をきちんとメモしておく。
記録すれば進捗状況を確認したり、アドバイスもしやすくなる。

相手先を訪問する前には、会話のネタを考え、付せんに書いておく。
必ず質問すること、こちらから伝えることを箇条書きするだけでOK。

名刺交換をしたら、初対面の日時、場所、案件など、そのときの情報や
話の内容などを余白に書き添えておく。すると、再会したときに役に立つ。

書類やデータのミスに気づいたら「すぐにその場で修正！」が基本。
先送りすると、時間と共に記憶が遠のいてしまう。

発表用メモは文章ではなく、項目やポイントを箇条書きしておく。
文章だと、紙を見て読み上げるスタイルになり、聴衆に目線が向かない。

社内の会議で話し合ったことは、議事録にしてきちんと記録する。
目に見える証拠を残すことが「言った」「言わない」のミスを防ぐ秘訣。

CHAPTER 4

コミュニケーション

報連相 編

33 指示は６Ｗ３Ｈで聞く

６Ｗ３Ｈでよくチェックして、わからないことは質問する

指示の聞き方の基本

- 指示の内容をメモする
- 指示は最後まで聞く
- 質問があれば確認する ➡ このときに６Ｗ３Ｈで！
- 復唱確認する

「Ａ社に書類を送って」と指示された

６Ｗ		指示の内容
いつ、いつまでに	（When）	○月○日（○曜日）○時必着
どこで、どこに	（Where）	Ａ社へ
誰が	（Who）	上司の代理で私が
誰に	（Whom）	？？？
何を	（What）	機密書類を
どうして	（Why）	預かったものを返送するため

３Ｈ		指示の内容
どのように	（How）	○○運輸の宅配便で送る
いくら	（How much）	コスト850円
いくつ	（How many）	原本を１部

６Ｗ３Ｈでメモを作れば、モレている項目、あいまいな項目がチェックできます！

「誰に送ればいいですか？」と質問する

指示を聞くときは、「メモ」「確認」「復唱」を忘れずに

指示を聞くときの大切なポイントは３つあります。それは「メモをする」「質問があれば確認する」「復唱する」です。まず、上司の指示はメモをしながら、さえぎらずに聞きます。もし質問があれば、指示を聞き終えてからにしましょう。最後には復唱をして、間違いがないことを確認してから仕事に取りかかります。「はい」「わかりました」だけでは、本当に理解したのか上司は判断できません。

知人の会社で起きたミスの話です。その企業は、年間200万円の契約を失いました。原因は指示の確認不足にあり、上司が「Ａ社に書類を送っておいて」と指示をしたら、部下は顔なじみの担当者に送りました。でも、内容は機密情報のため、正しくは社長に届けるべきでした。上司は当然、社長宛に送るだろうと思い込み、わざわざ言わなかったのです。案の定、先方の社長は激怒し、契約は打ち切られました。指示を受けたとき、「誰に送るのですか？」と確認したら防げたミスです。

上司はすべてを言葉にしません。だから６Ｗ３Ｈで確認する！　チェック表を作り、わからない項目は遠慮せずに質問してください。

34 報告は「タイミング」と「順序」がポイント

「タイミング」と「順序」で報告の質を高めよう

仕事は指示にはじまり、報告に終わります。でも「部下が自分から報告してくれない」と嘆く上司は大勢います。一方の部下からすると、きちんと報告したのに……。ということは、報告の有無に加えて報告の質にも問題がありそうです。

報告に必要なポイントは2つあります。まずは「タイミング」。タイミングを間違えると、いい情報が役に立たなくなったり、早く連絡していれば対処できたことが、取り返しのつかない問題に発展することもあります。また話しかける際は、相手の都合も考慮して、「○○の報告をしたいのですが、5分ほどよろしいでしょうか？」と聞いてみましょう。

そして報告は「順序」も大切！ 結論を先に話してください。理由、経過はその後で。時系列でダラダラ話しては、忙しい上司の時間を奪ってしまいますし、何を伝えたいのか最後まで聞かないとわかりません。

なお、報告すべき内容は事実です。主観や感想、憶測は原則としていりませんが、求められたら自分の考えを話せるようにしておいてください。

CHAPTER 1
CHAPTER 2
CHAPTER 3
コミュニケーション・報連相編 CHAPTER 4
CHAPTER 5
CHAPTER 6
CHAPTER 7

喜ばれる報告の「タイミング」と「順序」

報告の「タイミング」のポイント

○○の報告をしたいのですが、5分ほどよろしいでしょうか？

申し訳ないけれどこれから会議なので、11時からにしようか

都合を聞いてくれて助かるよ

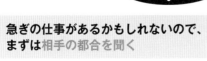
急ぎの仕事があるかもしれないので、まずは相手の都合を聞く

報告の「順序」のポイント

結論
○○の件、先方は「A案を希望」とのことです

なるほど、そうか。A案を希望する理由はどんなことだった？

ふむふむ、報告がわかりやすい！

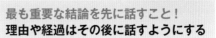
最も重要な結論を先に話すこと！理由や経過はその後に話すようにする

35 ３割進んだところで中間報告する

修正するときの効率を考えると、早めの中間報告がいい

指示された仕事が完了する前に、途中で行う報告を「中間報告」と言います。中間報告をすれば、上司は先の見通しを立てたり、役割分担を変えたり、緊急時にすばやく対処することが可能になります。ただ、いつ中間報告すべきか迷うこともあるので、必要なときをおさえておきましょう。

まず、ミスをしたときや悪い情報は、すぐに報告してください。自分の失態は隠したいところですが、早いほど大きなクレームにならずに済むからです。落ち込む前に、反省する前に「とにかく報告！」と覚えましょう。

また、仕事が順調に進んでいても、頼んだ上司は部下のことが気になるものです。そこで３時間以上かかる仕事を頼まれたら、３割済んだところで中間報告をしてみてください。一般的には「長期にわたる仕事は５割済んだところ」と言われますが、修正するときの効率を考えると早めの方がいいのです。

それ以外には、「計画通りに進まないとき」「仕事や人の状況が変わったとき」「自分では判断できないとき」「完成の見通しがついたとき」に自分から報告しましょう。

おさえておきたい「中間報告のポイント」

報告は早めの方が効率的

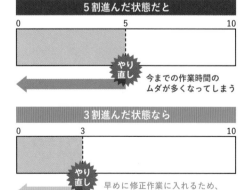

５割進んだ状態だと

| 0 | 5 | 10 |

やり直し

今までの作業時間のムダが多くなってしまう

３割進んだ状態なら

| 0 | 3 | 10 |

やり直し

早めに修正作業に入れるため、ムダが少なく、効率的

- 上司なら３割分を見れば完成をイメージできるため、早い方が効率的
- 修正するなら早めの方が楽

うまくいかなくても報告する

製作スケジュールが予定よりも遅れてしまっています

お客様が締切りを早めました。そのため、こちらの対応が難しくなっております

〇〇の件はこのように進んでいますが、これで正しいか自信がありません

自分の失態は隠したいところだが、早いほど大きなクレームにならずに済む。落ち込む前に「とにかく報告」を！

36 伝え忘れがなくなる 「ナンバリング」

頭の中を整理整頓してからアウトプットできる

ノートに箇条書きして準備しておく

1. ○○○○○○○
○○○○○○○

2. □□□□□□□
□□□□□

3. △△△△△△△
△△△△△△△

ナンバリングは相手の記憶に残りやすく、負担にならない分量の「3つ」がベスト。

ナンバリングで1つずつ話す

本日、報告することは3つあります。
1つ目は…………
2つ目は…………
3つ目は…………

話し終えた項目は『✓』をつける

✓
1. ○○○○○○○
○○○○○○○

✓
2. □□□□□□□
□□□□□

3. △△△△△△△
△△△△△△△

1つの項目を話し終えたときに『✓』をつければ、伝え忘れを防ぐことができる

複数の案件を報告するときは「ナンバリング」が最適！

複数の案件を報告するときは、「ナンバリング」で準備しておく

　報告するときに大事なことを伝え忘れ、追加で報告に行くことはありませんか？　原因は、報告する前に何の準備もしていないことが考えられます。「プレゼンならともかく、たかが報告くらいで」と、実は準備をしない人の方が多いのです。

　複数の案件を報告するときは「ナンバリング」が向いています。ナンバリングとは話の内容に番号づけをすることです。

　例えば、「報告することは3つあります。1つ目は……、2つ目は……、3つ目は……」という具合です。頭の中を整理整頓してからアウトプットするので、説得力が高まるのです。さらに報告に行く前は、ノートに「1.……、2.……、3.……」と箇条書きにしておきましょう。1つずつ話し終えたときに『✓』をつければ、伝え忘れが減るはずです。

　ナンバリングは3つがベストです。3つなら相手の記憶に残りやすく、負担にならない分量だからです。上司があなたの話を聞き終えて質問や確認したいときには、「3つ目をもう一度」などと、ピンポイントでムダのないやりとりも可能になります。

CHAPTER 1
CHAPTER 2
CHAPTER 3
コミュニケーション・報連相編 CHAPTER 4
CHAPTER 5
CHAPTER 6
CHAPTER 7

㊲ 言いにくいことは声で伝える

たとえ小さなミスでも、電話で気持ちを伝えよう

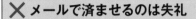

✕ メールで済ませるのは失礼

言いにくいからメールにしちゃおう。「今日の訪問はキャンセルさせてください」

はい、送信っと

カタカタカタカタ……

ドタキャンをメールで知らせるとはなんて無礼なんだ！もうこの会社と仕事をするのはやめよう！

まったく！

◎ 電話なら気持ちが伝わる

急なことで大変申し訳ございませんが…

今日の訪問はキャンセルとさせていただけますでしょうか？

わかりました。お気になさらないでください

こちらは大丈夫ですので、ではまた改めて、お会いする日程を決めましょう

お詫びの気持ちは
メールではなかなか伝わらない

　ミスをしたときや約束をドタキャンするとき、メールで連絡することはありませんか？でも、相手は「せめて電話してほしかった」と、残念に思うのではないでしょうか。「メールで済ませるなんて自分を軽く見ている」とカチンとくる人だっています。なぜならメールだと表情と声が届かないので、お詫びする気持ちが伝わってきにくいからです。

　謝るときは、こちらから出向いて頭を下げる。それができないなら、電話をするのがマ

ナーです。連絡手段を間違えてはいけません。

　私の取引先には、小さなミスなのに電話をくれる人がいます。そのときは「言いにくい話なのにわざわざありがとう」と感謝すら覚えます。さらにお詫びだけでなく「この借りは必ず仕事で返します！」とつけ加え、有言実行してくれた人もいました。

　会社と会社の取引であっても、人と人との信頼関係があって仕事はうまくいきます。

　たとえ一度はしくじっても次につなげる。こちらがミスすることもあるのですから、「お互い様」と許し合える関係性を日頃から築くようにしたいものです。

(38) 誤解をなくす伝え方

CHAPTER 1

CHAPTER 2

CHAPTER 3

CHAPTER 4 コミュニケーション・報連相編

CHAPTER 5

CHAPTER 6

CHAPTER 7

日時を伝える際は、月日と曜日、時間は午前午後法と24時間法で

　伝え方が悪いため自分と相手の理解が異なり、ミスにつながることがあります。典型的なのは日時で、アポイントメントを取るときは念入りに確認しなければなりません。

　まず、日時の誤解をなくすには、月日と曜日、時間は午前午後法と24時間法の両方で伝えます。「6月1日水曜日、午後2時、14時ですね」と言うようにしましょう。

　私にも失敗談があります。休日に知人の家を訪ねることになり、「7時（シチジ）に伺う」と言ったのですが、相手は「1時（イチジ）」と聞こえたそうです。夕飯をごちそうになるつもりが、先方は昼食を準備して待っていて、携帯電話が鳴ってミスが発覚しました。

　また、「週末」「週明け」「朝イチ」「昼過ぎ」「夕方」などの言葉も誤解のもと。人によって解釈が変わる言葉は、できるだけ使わないようにしましょう。

　なお、変更や修正の連絡は対比法が向いています。例えば、「6月10日水曜日から、6月11日木曜日、午前10時に変更します」と、ビフォー・アフターで変更前／後の情報を伝えておけば、『違い』が明確になります。

相手にきちんと理解してもらえる伝え方

日時を伝えるときのポイント

6月1日、水曜日、
月日　　　　曜日
午後2時、14時ですね
午前午後法　　24時間法

時間は聞き間違いが多いので、午前午後法と24時間法の両方で伝えると誤解をなくせる

変更や修正の連絡は対比法で

6月10日水曜日から、6月11日木曜日、午前10時に変更します

あいまいな言葉は使わず、数字で

夕方頃に訪問します
✕

夕方って…何時ですか？
私にも予定があります

午後4時、16時に訪問します
◎

16時ですね、承知しました
時間を空けておきます

㉟ 自己判断すると危ない！

「優先順位のつけ方」と「社外との交渉」は特に注意する

　上位者に判断を仰がず、独断で進めてしまうとミスにつながることがあります。

　独断しやすい2つのシーンを挙げると、1つ目は優先順位のつけ方です。限られた時間に段取りよく仕事をこなすには、着手すべきものを間違えてはなりません。

　でも、指示が重なったり、複数の案件を同時進行していると、優先順位に迷うこともあるはずです。そのときは、上司や先輩に優先順位を確認してみてください。大事な仕事を先送りしてしまうと、納期遅延やクレームになりかねないからです。

　とはいえ、毎回答えを丸投げする相談は、相手の負担になります。まずは自分で考えてから、「優先順位はこれでよろしいでしょうか」と確認する相談に変えましょう。

　2つ目は社外との交渉です。先方から値下げ要求や無理難題を言われたとき、安請け合いすると、後々取り返しのつかないことがあります。後で「やっぱりできません」と言えば、信用はダウンしてしまいます。ですから自己判断できなければ即答せず「内部で検討します」と答える習慣を身につけましょう。

上司に対しても社外に対しても、相談上手になる

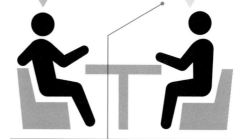

自分で考えて確認すれば喜ばれる

課長、どうしたらいいでしょうか？
う〜ん、たまには自分で考えてほしいな…
✕

このように対応してよろしいですか？
問題ないよ。ちゃんと考えてくれてありがとう
◎

無理難題を安請け合いしない

ノルマがあるんでしょ。今日契約するから、値引きしてよ
内部で検討します

口ぐせにするとよいフレーズ
- 「持ち帰って検討します」
- 「上の者に確認してからお返事します」
- 「私の一存では決められませんので、即答いたしかねます」

(40) ときには「できない」と言っていい

自分の能力と仕事の量を把握して、不安なら正直に話そう

✗ 中途半端に引き受けると…

すみません…

昨日言われた仕事ですが、やっぱりできなくなってしまいました…

う〜ん、困ったな…。できないなら早く言ってくれないと…

中途半端に引き受けて「できない」となると、相手に迷惑がかかってしまう

◎ 抱えている仕事を正直に伝える

明日なら2時間ほどお手伝いできるのですが、今日は○○の締切りでできそうにありません

了解！ それなら今回は他の人に頼むわ。次回はお願いね！

できるか不安なときは、今抱えている仕事の状況を正直に話すこと

CHAPTER 1
CHAPTER 2
CHAPTER 3
CHAPTER 4 コミュニケーション・報連相編
CHAPTER 5
CHAPTER 6
CHAPTER 7

できるか不安なときは、現在の仕事の状況を正直に話す

責任感のある人が陥りやすい罠は、「NO」と言えないことです。もし、すべて引き受けてしまい、締切り間際に「できません」となれば、指示した人は「できないなら最初から言ってくれればいいのに」と思います。これは、管理職の方からよく聞く不満です。

その後、指示した人や同僚が放棄された仕事を引き受け、慌ててこなすと「やっつけ仕事」になったり、確認が不足してミスを起こしやすくなります。いくら仕事ができる人で

も、状況によって仕事の質は下がってしまうのです。ですから、結果的に迷惑がかからないよう、ときには断るのもありです。

もちろん指示は受けるのが原則ですが、できるか不安なときは、今抱えている仕事の状況を正直に話してください。そのうえで判断を仰ぎましょう。

私は自分にできる仕事量を超えたら、新しい依頼を断っています。中途半端に引き受けて相手の期待値を下回れば、指名してくれた人に迷惑をかけてしまうからです。

断ることに罪悪感を持つよりも、仕事の質を上げることを優先しましょう。

㊶ 自分の行動を見える化する

不在時でもフォローできるように、お互いの行動を共有する

ホワイトボードで行動を見える化

ホワイトボードは出入口の近くに置くこと。
出かけるときの書き忘れを防げる

**ホワイトボードは、メンバー全員の
行動を一覧化できるメリットがある**

日報や週報で行動を見える化

日報	20XX年6月1日(月)		斉藤 一
	6月の目標		
	本日の報告		
	明日の計画		
	上長コメント		

週報		佐藤	田中	渡辺
	6/1(月)			
	6/2(火)			
	6/3(水)			
	6/4(木)			
	6/5(金)			
	備考			

**上司には業務内容まで伝える。
日報や週報で上司が部下全員分を
取りまとめれば、管理もしやすい**

ホワイトボード、日報や週報で行動を見える化しておこう

あなたが「どこで」「どんな仕事をしているのか」、職場の人たちへ知らせるしくみを作りましょう。あなたが離席や外出をしているとき、居場所がわかれば、留守番の人が代わりに電話対応をしてくれたり、至急の場合はすぐに連絡を取ってくれるからです。

見える化しないと、不在時に同僚がフォローできません。「担当は○○ですので、私にはわかりません」と平気で答える人も出てきます。このままだと仕事は属人化し、すべてを自分でこなすことになってしまいます。仕事量が増えてレスポンスが遅くなるなど、あっという間に顧客満足度は下がるでしょう。

行動を見える化するときに便利なツールは、ホワイトボード、日報や週報です。

ホワイトボードは、メンバー全員の行動が一覧化できるメリットがあります。ただし、設置する場所によって機能しなくなることもあるので、出入口付近にしてください。オフィスの奥だと、書き忘れたまま慌てて出かける人がいるからです。

また、日報を書けば今日の業務報告と明日の行動予定がセットで伝えられます。

42 メンバーと情報共有するなら会話が効率的

会話なら、「伝えたつもり」のコミュニケーションミスが防げる

静まりかえったオフィス、聞こえるのはパソコンを打つカタカタという音……。同僚が目の前にいるのに話さず、メールし合う職場があります。

何でもかんでもメールで伝えるべきではありません。同じ職場で情報共有するなら、会話の方が効率的です。会話にすれば "2way" となるため、「伝えたつもり」のコミュニケーションミスが防げます。急ぎの質問や確認したいことがあるときは、都度行うべきです。

報告にいたっては、口頭でするのが基本です。ただ、案件によっては、文書やメールもセットにすべきです。

例えば、複雑な内容や数字を報告するときは、データや表、図解で見せると一目瞭然で理解してもらえるでしょう。口頭だけでは勘違いや言い間違い、聞き間違いなどが起きることもあります。

口頭と文書のダブルで報告する際は、口頭が先、文書は後にするとベターです。概要を話し、詳細は文書で見せるという作戦です。全体から部分へと報告できるので正しく理解してもらえます。文書は証拠にもなります。

同じ職場で情報共有するなら、会話が効率的

✕ CCメールは読まれない

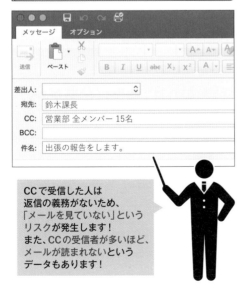

CCで受信した人は返信の義務がないため、「メールを見ていない」というリスクが発生します！また、CCの受信者が多いほど、メールが読まれないというデータもあります！

◎ 会話にすれば "2way" になる

明日は休みます。よろしくお願いします

予定表に書いてあったね。何か手伝うことがあったら言ってね！

ありがとうございます！嬉しいです！

みんなで手伝うからさ！

会話なら、「伝えたつもり」のコミュニケーションミスを防げる

ま と め

指示を聞いたら、6W3Hでしっかり確認してチェック表を作る。
そしてわからない項目が出てきたら、遠慮せずに質問する。

報告するときは、相手の都合も考慮して「タイミング」を図る。
「順序」も大切で、理由や経過よりも最も重要な結論を先に話す。

中間報告は、順調に進んでいても3割済んだところで行う。
修正が発生しても早めに修正作業に入れるため、ムダを少なくできる。

複数の案件を報告するときは「ナンバリング」が最適。
頭の中を整理整頓してからアウトプットできるので、説得力が高まる。

謝るときは、こちらから出向いて頭を下げる。それができないなら、
電話をするのがマナー。メールだけで済ませると、気持ちが伝わりにくい。

日時を伝える際は、「週末」「昼過ぎ」「夕方」などの言葉は誤解のもと。
月日と曜日、時間は午前午後法と24時間法の両方で伝えて誤解をなくす。

上位者に判断を仰がず、独断で進めてしまうとミスにつながる。
優先順位を確認して、限られた時間で段取りよく仕事をこなすことが大切。

仕事を中途半端に引き受けて「できない」となれば、相手に迷惑がかかる。
不安なときは、今抱えている仕事の状況を正直に話して判断を仰ごう。

自分が「どこで」「どんな仕事をしているのか」を知らせるしくみを作る。
ホワイトボード、日報や週報は、行動の見える化に役立つツール。

同じ職場で情報共有するなら、メールより会話が効率的。
会話なら「伝えたつもり」のコミュニケーションミスが防げる。

CHAPTER 5

スケジュール

時間管理 編

(43) デジタルでスケジュールを 管理するときの注意点

2つ以上のツールを併用する際は、 1つのツールで一元管理する

あなたのスケジュール管理法は、手帳ですか？ スマホやパソコンですか？ いずれにせよ、自分が使いやすいものを選びましょう。

ただ、2つ以上を併用した場合、転記モレが生じる危険性があるため、1つに絞って一元管理するのがおすすめです。

デジタル派にはOutlookやGoogleカレンダーなどが人気です。予定の時間になるとチャイムが鳴ったり、自動的にメールが届いたり、定例の予定は繰り返し入力できたりと、紙に

はない便利な機能があります。一度入力すれば「日」「週」「月」で表示されるので、直近と先のスケジュールの両方で閲覧できます。

多くの企業ではデジタルでお互いの行動予定を共有化しています。もちろん、紙の予定表を回覧してみんなで書き込んでもいいのですが、外出先や携帯端末からもアクセスできるのがデジタルの強みです。

ただし、誤って機密情報を「公開」してしまった企業もありますので、**便利なものほどリスクを伴う点を忘れない**ようにしましょう。新たなサービスを導入する際は、操作方法を念入りに調べるようにしてください。

デジタルは便利だが、留意点もしっかり理解しておく

デジタルなら一度入力すればOK

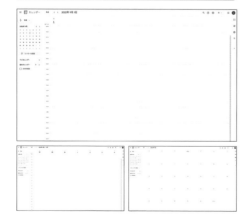

デジタルのカレンダーは一度入力すれば「日」「週」「月」で表示されるので、 直近と先のスケジュール**の両方で閲覧できる**

デジタルの強みと留意点

デジタルの強み
- 世界中のどこからでもアクセスできる
- 簡単にメンバーと共有できる

デジタルの留意点
- 機密情報を公開してはならない

44 手帳は“消せるペン”で書く

ペンの色で使い分けるとひと目でわかる

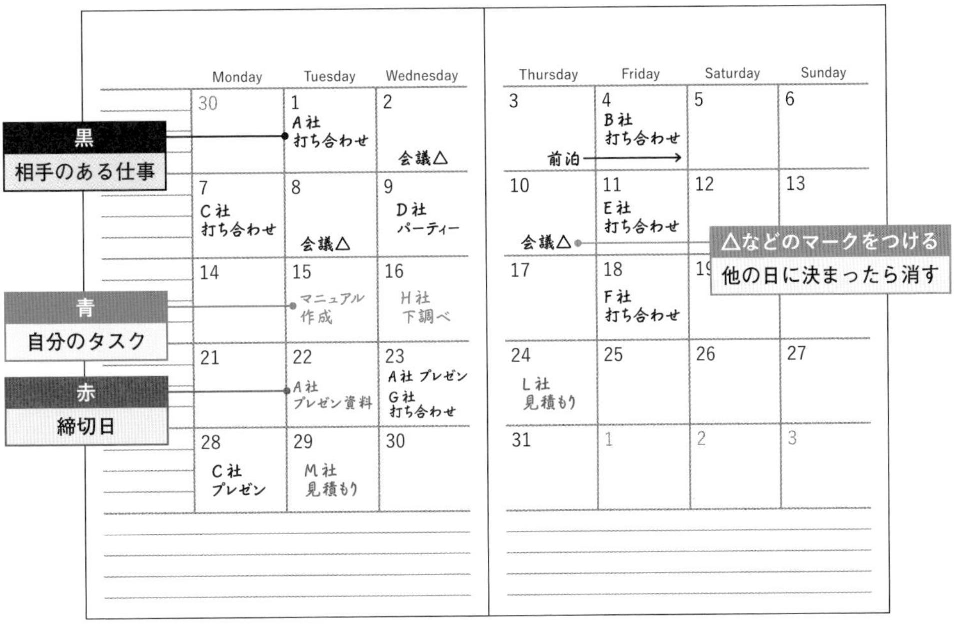
Monday
Tuesday
Wednesday
Thursday
Friday
Saturday
Sunday
30
1
A社
打ち合わせ
2
会議△
3
前泊
4
B社
打ち合わせ
5
6
7
C社
打ち合わせ
8
会議△
9
D社
パーティー
10
会議△
11
E社
打ち合わせ
12
13
14
15
マニュアル
作成
16
H社
下調べ
17
18
F社
打ち合わせ
19
21
22
A社
プレゼン資料
23
A社 プレゼン
G社
打ち合わせ
24
L社
見積もり
25
26
27
28
C社
プレゼン
29
M社
見積もり
30
31
1
2
3
黒
相手のある仕事
青
自分のタスク
赤
締切日
△などのマークをつける
他の日に決まったら消す

“消せるペン”を使えば、スッキリ見やすい手帳になる

手帳は**“消せるペン”で書くと効率的**です。キャンセルや変更があっても、すぐに消せるからです。

二重線を引いて書き換える方法もありますが、ごちゃごちゃして見にくい手帳では予定が把握しにくくなります。予定をかぶらせてしまったり、すっぽかしてしまったりすることもあるでしょう。ぜひ**スッキリ見やすい手帳**を心がけてください。

会議や訪問などの日時を決めるときは、候補日がいくつかあって相手方から確定の返事を待つこともあるでしょう。そのときは候補日時すべてに△印をつけておきます。△は先約ですから、別件を引き受けないようにします。その後日程が確定したら、いらない△は消してしまって構いません。これで空いている日が明確になります。

私は**『フリクション』の3色ボールペン**を手帳用にしていて、「黒＝相手のある仕事」「青＝自分のタスク」「赤＝締切日」で書き込んでいます。**色別にすると、手帳を開いたとき「今日は○○の締切日」と視覚に訴える効果があり、とてもわかりやすくなります。**

45 時間見積りを正しくする

標準時間を把握して、仕事の計画を立てることが大切

自分の標準時間を知る

大テーマ｜作業日｜実際にかかった時間

会議の準備	4/5	5/7	6/5	平均
●資料作成	90	120	80	●90
●資料印刷	15	20	30	●20
●会場セッティング	30	30	40	●30

細分化する　　　　　　　　　　　　　標準時間

この場合、「会議の準備」とアバウトに予測すると誤差が生じやすくなる。作業を細分化して標準時間を知ることが大切

1日に80%の仕事しか入れない

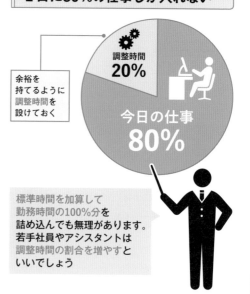

余裕を持てるように調整時間を設けておく

調整時間 20%

今日の仕事 80%

標準時間を加算して勤務時間の100%分を詰め込んでも無理があります。若手社員やアシスタントは調整時間の割合を増やすといいでしょう

お金と同じように、時間も見積もることができる

　締切りや納期に遅れてしまう……。その原因は、過信や甘い計画にあります。「たぶん半日あれば終わるだろう」と高を括っていたら、丸1日かかってしまい納期遅延。そんなミスを防ぐために、時間の見積りを正しくするようにしましょう。時間もお金と同じように見積もることができるのです。

　時間見積りのステップは次の3つです。

　1つ目は作業の洗い出しです。仕事を大きなまとまりでとらえず、細分化してください。

　2つ目は標準時間を知ることです。実際にどれくらいかかったかを計り、平均を出しましょう。これがあなたの標準時間です。

　3つ目は、1日の計画の立て方です。就業時間の80%程度におさえて仕事を入れるのがポイントです。残りの20%は調整時間として余裕を持ちましょう。

　7時間勤務なら、7時間分の仕事を入れても終わるはずがありません。私たちは機械ではないのですから、休みなく同じペースで働くことなど無理です。また、人と関わる以上、自分だけの仕事に集中するわけにもいきませんので、時間見積りは大切なのです。

46 予備日を作る

まずは2週間に1日くらいの ペースで予備日を作ってみよう

遅延することなく仕事をするには、**予備日を作る**のも一案です。ビッシリ予定を詰めてしまうと、想定外のことがあったときに対応できなくなるからです。できれば、**1週間に1日、予備日を作る**ようにしましょう。

ある講師の先輩を例にお話しします。彼女は売れっ子なのに、「忙しい」という言葉をあまり使いません。自己啓発をする自分の時間を作っていますし、いつ会っても穏やかに接してくれるのです。

「なぜだろう」と不思議に思っていたら、時間の使い方にヒントがありました。毎週金曜日は予定を入れず、終わらなかった仕事にあてていると言うのです。

私も真似をしたのですが、毎週同じ曜日を空けるのは難しかったので、**まずは2週間に1日くらいのペースではじめてみる**といいでしょう。

アイデアが湧いてこない、気分が乗らない日は誰だってあるものです。でも予備日があれば安心。遅れた分を取り戻したり、急なお願いに対応することもできます。何より気持ちの余裕を持てるのがメリットです。

予備日を作ることで、気持ちの余裕を持てる

仕事を入れない予備日を確保する

月	火	水	木	金	土	日
		1	2	3	4	5
6	7	8	9	⑩	11	12
13	14	15	16	17	18	19
20	21	22	23	㉔	25	26
27	28	29	30	31		

仕事を入れない予備日として確保しておく

毎週同じ曜日を空けるのが難しい場合は、まずは2週間に1日くらいのペースで予備日を確保してみよう

予備日にできること

1 集中して**デスクワークに専念する**

2 同僚の仕事を手伝う

3 遅れていた分を**取り戻す**

4 重要でもなく、緊急でもないが、やっておいた方がいい仕事を進めておく

のんびりと気持ちに余裕を持って**仕事を進められる！**

47 To Doリストに時間を入れる

To Doリストを作るときは、最初に退社時間を決める

To Doリストを作っているのに、大事な仕事を先送りしたり、締切りに間に合わないことはありませんか？　原因の1つはリストにあり！　ただ「やること」を並べるだけなら備忘録にすぎません。

リストを作るときは、最初に退社時間を決めます。逆算方式で仕事の段取りを考えるためです。仕事を洗い出したら、「今日中に必ずやること」を選び、「優先順位No.1」とハッキリ書いてください。そして、その仕事はできる限り午前の早い時間に始めるようにします。午後からだと、途中で割り込み仕事などが入り、スタート時間がどんどん先送りされ、手つかずという事態になりかねません。

最後に「12時、15時、18時」の3時間ごとを目安にし、「何を」「どこまでする」の期限を決めます。このとき、欲張らずに余裕を持ったスケジュールにしてください。

また、電話やメールの返信など、こまごました仕事も書き出しますが、「雑事」はまとめておきましょう。「雑事」のタスクは、スキマ時間や気分転換を図りたいときに一気に済ませるのが得策です。

時間と優先順位を入れて、To Doリストを作成する

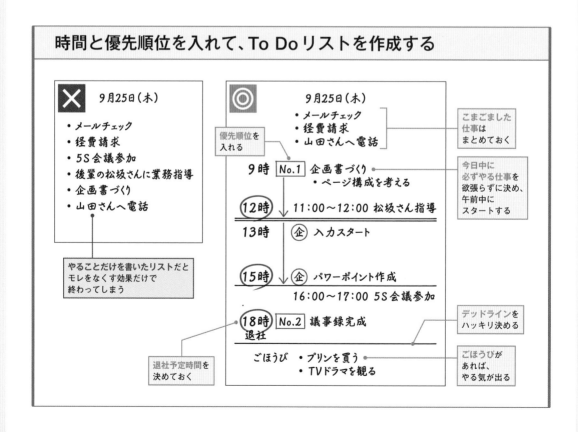

48 提出物には『You締切り』と『My締切り』を作る

2つの締切日を作って時間をコントロールする

| You締切り | 相手が設定した締切日・提出期限を確認する |

	9/1（月）	9/2（火）	9/3（水）	9/4（木）	9/5（金）
You締切り			スタート——————→		締切日
My締切り		スタート——————→		締切日	貯金

| My締切り | 前倒しの完成日を決める | | 所要時間を多めに見積り、納期逆算でスタートする日を決める |

時間をコントロールするメリット

- 先手でしかける習慣が身につく
- 催促されない
- バタバタギリギリ仕事が減る
- ミスに気づきやすい
- 心に余裕ができてマイペースを保てる
- 自分の時間が作れる
- 急なお願いにも対応できる

コントロールして貯金した時間は…

次の案件の作業をはじめようかな

有給休暇を取ってリフレッシュしようかな

新規開拓のアプローチをかけようかな

同期の社員と情報交換会を企画しようかな

CHAPTER 1
CHAPTER 2
CHAPTER 3
CHAPTER 4
CHAPTER 5 スケジュール・時間管理編
CHAPTER 6
CHAPTER 7

時間貯金をどんどん増やせば、先手でしかける習慣が身につく

提出物があるときは、2つの締切日を作るとスピーディに対応できます。

その方法は、まず提出物の締切りや期限を確認します。多くは相手のある仕事なので、相手が設定した日時、これを「You締切り」とします。普通ならこの日をゴールにして仕事に着手するはずです。

でも、あえて2つ目の締切りを作ってほしいのです。1日以上前の完成日を決めて「My締切り」としてください。つまり、本来の約束より前倒しに完成させ、相手に提出してしまう。早めに仕事に取りかかり、手放すようにする作戦です。

私はこれを時間貯金と名づけました。1日前に提出したなら1日分が貯金となり、自分の時間を作ることができます。その余裕のある時間で、一段上の仕事にチャレンジしたり、次の仕事に早く取りかかってもいいでしょう。

時間貯金をどんどん増やせば、先手でしかける習慣が身につくので催促されなくなります。心に余裕もできてマイペースを保てるので、ミスに気づきやすくなります。ぜひお金だけでなく時間も貯金しましょう。

49 チェック表を作る

マイチェック表でしっかり進行管理をする

	実施日	9/1（月）	9/2（火）	9/3（水）	
ア バ ウ ト で は な く 、 細 か い 行 程 に 分 け て お く	企業名	○○商事	△△フーズ	☆☆物産	
	プレゼン名	□□□□□□	◇◇◇◇◇◇	○○○○○○	
	シナリオ作成	✓	✓		
	サンプル取り寄せ	✓	✓	✓	終わった行程には『✓』を入れる
	タイムスケジュール	✓	✓		
	提案書作成	✓		✓	
	見積書作成	✓	✓		「忘れそう」「これからやる」などの行程はフリクションのマーカーで目立たせておく
	リハーサル	✓	✓		
	資料印刷	✓			
	機材の手配				
	アンケート作成	✓		✓	

クリップボードにはさむと出し入れしやすい

年に一度の報告業務なども、マニュアルやマイチェック表があれば、スイスイできる。出番の多いチェック表は、クリップボードにはさむのがおすすめ

進行中の案件を一緒にしてデスクの上に立てておくと、ワンアクションで出し入れできる

チェック表があれば、各行程を落ち着いて確認することができる

定型業務のミスをなくすには、オリジナルのチェック表を作りましょう。ミスをしやすい箇所や仕事の行程は人それぞれなので、みんなと同じものを使うより、セルフチェック度がより高まるものを作ってください。

とくに同時に複数の案件を進めるときは、注意が散漫になりやすくなります。記憶だけに頼っては納期遅延やウッカリ忘れ、モレが起きてしまうでしょう。そのときにマイチェック表があれば、各行程を落ち着いて確認す

ることができるのです。

私は企業研修の講師をするとき、たった1日のプログラムであっても最大10種類の書類を作ります。平均して月に10本の研修やセミナーを担当するので、このチェック表が欠かせません。チェック表を作れば、単独の案件だけでなく、抱えている案件すべてを一覧化できるので、やるべきことがハッキリします。

出番の多いチェック表は、クリップボードにはさむのがおすすめです。そして進行中のファイルと一緒に立てておきましょう。ワンアクションで出し入れし、チェックを入れられるので作業効率がよくなります。

50 スキマ時間のメニューを作る

5分、10分、15分、30分の単位で、できるメニューを決めておく

　スキマ時間ができたとき、あなたはどんなことをしていますか？　外出先で打ち合わせが予定より早く終わってしまい、次のアポイントメントまで30分ほど時間を潰すとき。移動中の電車で揺られる15分。はたまた会議に出席するため10分前に席に着いたとき。もしかしたら監視の目がないと、スマホのゲームで遊ぶ人がいるかもしれません。

　でも、スキマ時間を有効に使えば、ミスのチェックにあてたり、段取りを再確認することができます。そのためには、時間が余ってから「何をしよう」と考えるのでなく、あらかじめ5分、10分、15分、30分の単位で、できることを決めておきましょう。

　5分あれば手帳やTo Doリストを見返す。10分あれば電話をかける、新規のアドレス登録をする。15分あればメールを返信する。30分あれば日報を書く、ノートを整理するなど。

　できることを挙げたら、レストランのメニューのように見やすく分類し、手帳やスマホに記録して持ち歩きましょう。実際にスキマ時間ができたなら、メニューから『やること』を選べばいいのです。

メニューを決めて、スキマ時間を使いこなす

できることをリストアップする

5分メニュー
- 手帳をチェック
- To Doリストを見直す
- メールチェック

10分メニュー
- 電話をかける
- 新規のアドレス登録

15分メニュー
- メールを返信する
- 新聞、雑誌を読む

30分メニュー
- 日報を書く
- ノートを整理する
- 英語の勉強をする
- カフェでお茶をする

スキマ時間に組み合わせる

スキマ時間が30分ある場合

- 手帳をチェック
- 電話をかける
- メールを返信する

スキマ時間が20分ある場合

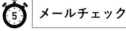

- To Doリストを見直す
- メールチェック
- 新規のアドレス登録

(51) 新幹線はネットで予約する

ネットの予約で
ミスなくスピーディに済ませる

遠方に出張するとき、新幹線を使うなら乗り遅れがないように万全を期しましょう。「切符は当日に駅で買えばいい」と気楽に考えていると、窓口が長蛇の列で焦ったり、乗りたい列車に間に合わないことがあります。

平日の朝や夕方の窓口は混み合いますし、悪天候やダイヤ乱れがあればなおさら。連休やお盆、年末年始の前は終日混雑しています。

いつでも安全で確実なのは、ネットの予約です。出張が決まった時点で、切符を予約してしまいましょう。

私が東日本エリアに行くときは「えきねっと」、西日本エリアに行くときは「エクスプレス予約」を利用しています。いずれもお気に入りに登録をしたりアプリを入れたりしているので、時短で予約できます。また、チケットレスにすることもできます（詳しくはJR各社で）。さらにネット予約のメリットは、備忘録になること。乗車時間が近づくとメールがスマホなどへ自動送信されるので、出発前に時間を再度チェックすることができます。

庶務はミスなくスピーディに済ませ、本来の業務に集中しましょう。

ネットの予約が、乗り遅れを防ぐ！

✕ 窓口が混むと遅刻の恐れも！

15分後の新幹線に乗りたいのにどうしよう…

これじゃあ遅刻だ…

窓口に長蛇の列ができていると、乗りたい電車に間に合わないことも…

◎ ネットで予約すれば確実！

切符がなくてもス〜イスイ♪

乗車時刻もスマホでチェックできる

乗車時刻が近づくとスマホにメールが自動送信されるサービスもあるので、出発前に時間を再度チェックすることができる

52 ネット検索で集中力を削がない

都度検索は時間のムダ遣い。集中力も切れてしまう

❌ 都度検索すると、ムダが多い

調べものをするだけでこんなに時間が…。もう今日は疲れて仕事ができない…

閲覧履歴

なんかいろいろサイトを見ちゃって…

関係のないサイトを閲覧するなどして時間をムダ遣いしてしまう

◎ ブックマークで効率よく！

サクサク検索できたぞ。さあ、次の仕事だ！

よく使うサイトはブックマーク済み！

よく使うサイトをブックマークすることで、効率的に検索できる

よく使うサイトは都度検索せずにブックマークする

　調べものをするときに、ネットはとても役立ちます。でも検索の仕方によっては、欲しい情報がなかなかヒットしないのが悩みどころ。関係ないサイトやブログ、広告が気になり、ついクリックしてしまうことはありませんか？　これでは時間をムダ遣いするばかりでなく、集中力を切らしてしまいミスにつながりかねません。

　そこで、よく使うサイトは都度検索せずにブックマークすることを提案します。フォルダーを作って目的別にグルーピングしておくと、さらに便利です。ただ、お気に入りのサイトはどんどん増えていくので、半年に1回は見直し、いらないものを削除するなどメンテナンスしておきましょう。

　念のために申し添えますが、料金やアクセス情報を社内でチェックしているところもあるので、公私の区別をしっかりとつけるようにしてください。自分でルールを決め、「ネットに接続しない」「パソコンから離れる」時間を作るのも一案です。

　ネットはお役立ちツールとして補助的な位置づけにし、誘惑に負けないことが大切です。

CHAPTER 1
CHAPTER 2
CHAPTER 3
CHAPTER 4
CHAPTER 5 スケジュール・時間管理編
CHAPTER 6
CHAPTER 7

53 「10分前行動主義」を
常に心がける

「10分前行動」が心の余裕を生む

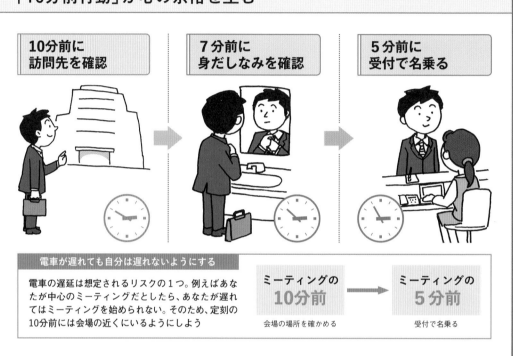

| 10分前に
訪問先を確認 | 7分前に
身だしなみを確認 | 5分前に
受付で名乗る |

電車が遅れても自分は遅れないようにする

電車の遅延は想定されるリスクの1つ。例えばあなたが中心のミーティングだとしたら、あなたが遅れてはミーティングを始められない。そのため、定刻の10分前には会場の近くにいるようにしよう

ミーティングの **10分前** → ミーティングの **5分前**

会場の場所を確かめる　　受付で名乗る

客先を訪問するときは、
10分前には訪問場所を確認する

　時間はお金と同じく、限りある大事な資源です。自分の時間はもちろん大切ですし、さらに相手の時間を泥棒しないことが大切ではないでしょうか。

　時間のミスといえば、遅刻があります。遅刻が原因でお客様を怒らせたり、進んでいた話が破談になることだってあるのですから。でも実際には、時間にルーズな人もいます。

　客先を訪問するときは、遅くとも10分前には訪問場所を確認！　身だしなみを確認し、

心を落ち着けてから、5分前に相手を呼び出しましょう。

　時間管理に疎い企業へ行くと、定刻に研修がはじまりません。遅刻、無断欠席が容認され、ゆるい社風が蔓延しているのです。小さな約束さえ守れない人に、業績向上などできません。

　一方、あるメーカーでは、10分前行動が徹底されていました。参加者は開始10分前に集まるうえ、人事部は定刻の5分前に研修をスタートさせます。「少数精鋭で業績が伸びている企業は、一人ひとりの意識が高い」と実感した出来事でした。

54 会議はゴールを先に決める

会議をするときは、開始時間だけでなく終了時間も決める

会議や商談が長引いてしまい、その後の予定がズレたり遅刻することはありませんか？

残念ながら、**生産性の低い会議が行われている職場があります。**雑談中心でダラダラ会議が進み、結論が出ません。また「客先で終わらない雑談につき合わされてしまい、残業が恒常化しています」と悩んでいる若手社員もいました。

会議をするときは、開始時間だけでなく終了時間も決めましょう。私は客先を訪問する

ときも、「13時から14時まで」などと終わりを提示することがあります。これはお互いの時間を大切にしつつ結論を出すためです。すると、話好きな人も「世間話はこのくらいにして」と切り上げ、本題に集中してくれます。

また、自分が社外の人を招集するときは、「会議メモ」を作り、配りましょう。紙の資料が何もなく口頭で話す会議より、見える化すると参加者の意識や理解が高まります。「メモ」と名づけたのは、A4用紙に議題を列挙するだけだからです。これなら数分あれば完成し、参加者全員が「何を」「どこまで」のゴールを共有できます。

「会議メモ」で会議を見える化すると、参加者の意識が高まる

「会議の4悪」とは

❶ 会して議せず
　➡ 発言しない人が参加している
❷ 議して決せず
　➡ 結局何も決まらない
❸ 決して行わず
　➡ 決めたことを実行しない
❹ 行って責をとらず
　➡ 誰も責任をとらない

会議の参加者に事前にメールの添付で送っておき、考えを用意してもらうとさらにスピーディに進む

だから

会議メモを作って進行をスムーズにする

9月15日(水)

「ホームページリニューアル」会議

1. 現行の問題点、悩み　← A4用紙1枚に議題や決めることを並べるだけでOK

2. リニューアルしたい点

3. 企画書作成のお願い

4. スケジュールの決定　← 行間を空けておくと参加者が余白にメモをできる

5. ○○○○○○○○○

6. □□□□□□□□

外出先でもアクセスできるのが、デジタルでのスケジュール管理の強み。
しかし、機密情報を誤って公開してしまうといった留意点もある。

手帳に予定を記入する際は、"消せるペン"で書くのがおすすめ。
キャンセルや変更があってもすぐに消せるため、見やすい手帳になる。

締切りや納期に遅れてしまう原因は、過信や甘い計画にある。
「作業の洗い出し」「標準時間を知る」などで時間の見積りを正しくする。

遅延することなく仕事をするには、予備日を作ることも1つのアイデア。
予備日があれば、想定外のことがあっても慌てず対応できるようになる。

To Doリストを作るときは、最初に退社時間を決める。
すると逆算方式で、仕事の段取りを考えることができる。

提出物があるときは、相手が設定した日時の『You締切り』に加えて、
1日以上前の完成日を決めた『My締切り』を作る。

定型業務のミスをなくすには、チェック表を作ること。
自分用にアレンジした、セルフチェック度がより高まるものを作成する。

スキマ時間を有効に使うことを心がける。5分、10分、15分、30分の
単位でできるメニューをあらかじめ考えておこう。

新幹線を使うなら、乗り遅れがないように万全を期すこと。
ネットで予約すれば切符の買い逃しはなくなり、安心・確実の乗車が可能。

調べものなどでよく使うサイトはブックマークしておく。
ブックマークしたサイトは半年に1回は見直し、いらないものは削除する。

遅刻をしないことは、社会人として「当たり前」のこと。
客先を訪問するときは、10分前には訪問場所に到着・確認しておく。

会議をするときは、開始時間だけでなく終了時間も決める。
また事前に「会議メモ」を作って配っておくと、スムーズに進行できる。

CHAPTER 6

仕事の習慣
編

55 「名前を付けて保存」は リスクが高い

ファイルのコピーを作ってから、作業する習慣をつける

元データを残したいのに、間違って上書き保存してしまう。頭でわかっていても、無意識のうちにしてしまうミスかもしれません。

ファイルを使い回すときは、「名前を付けて保存」するのが一般的ですが、つい文書をいじってしまい「上書き保存」のツールバーをクリックしてしまうことはありませんか?

このミスをなくすには、習慣を変えるのが一番です。

真っ先にするべきことは、ファイルのコピーです。必ず分身を作ってください。

方法は簡単で、使いたいファイルを選び、コピーします。すると「コピー〜ファイル名」というファイルができます。これが分身ですので、「名前の変更」をして別の名前をつければ完成です。元データはきちんと残っているので、安心して新しいファイルに修正や変更を加えることができます。

複数のファイルを入れたフォルダーなら、フォルダーごとコピーし、フォルダー➡ファイルの順に名前を変えましょう。これで既存のデータを活かしながら、ミスなく効率的に作業を進めることができるようになります。

コピーしたファイルの名前を変えてから使用する

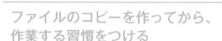

はじめに使いたい元データのコピーを作る

W
220912
原稿
→ コピー →
W
コピー〜
220912原稿

A社ファイル一式
→ フォルダーでも同様に コピー →
コピー〜A社ファイル一式

ファイルを開いてから「名前を付けて保存」すると、間違えて「上書き保存」してしまうミスがあるので避ける

コピーしたファイル名を変更し、そのファイルを使用する

W
コピー〜
220912原稿
→ ファイル名変更 →
W
220914
原稿 ← これを使用

コピー〜A社ファイル一式
→ フォルダーでも同様に フォルダー名変更 →
A社ファイル一式02 ← これを使用

元データはきちんと残っているので、安心して新しいファイルに修正や変更を加えることができる

56 バックアップと 個人情報の更新はこまめに

データのバックアップは、定期的かつこまめにする

✕ バックアップの習慣がない

2日かけて作った企画書が消えちゃった！
最初から作り直さなきゃ……

◎ こまめにバックアップする

企画書作成、今日の分は終了！
ここまでをUSBメモリーに保存しておこう

個人情報は、変更があればすぐに対応する！

お客様や取引先の個人情報も、変更があったらすぐに対応すること。例えばメールアドレスを変更していなかったら、重要なメールが新アドレスに届かない、といったミスにもなりかねない

- 「メルアドが変わりました」 ➡ メールアドレスを変更
- 「異動しました」 ➡ 部署名を変更
- 「4月から課長になります」 ➡ 肩書きを変更
- 「弊社、移転します」 ➡ 会社の住所を変更

とくに年季の入ったパソコンを 使っている人は要注意！

パソコンは古いものを使い続けるより、できれば新機種に買い替えましょう。作業効率がダンゼンよくなるからです。でも、会社のパソコンだと簡単に買い替えはできません。そこで、与えられた環境でミスを防ぐにはどうしたらいいかを考えましょう。

データのバックアップは、定期的かつこまめにするのが一番です。とくに年季の入ったパソコンを使っている人は要注意。起動するまで時間がかかる、動作が鈍い、画面がフリ

ーズするといった不安定な状況にあれば、印刷して紙でも保存するなどリスクを最小限に留めてください。また、作成途中の書類だけをこまめにUSBメモリーに保存しておくのも一案です。

お客様や取引先の個人情報に変更があったときも、先送りしてはいけません。メールアドレスを変更するなら、新旧をダブって登録しないように留意します。その他、先方にオフィスの引っ越しや異動があったなら、すぐに更新しておかないと書類を郵送するときにアタフタしたり、「あて所に尋ねあたりません」と返されるミスにつながってしまいます。

CHAPTER 1
CHAPTER 2
CHAPTER 3
CHAPTER 4
CHAPTER 5
CHAPTER 6 仕事の習慣編
CHAPTER 7

Excelの集計は手計算でもチェックする

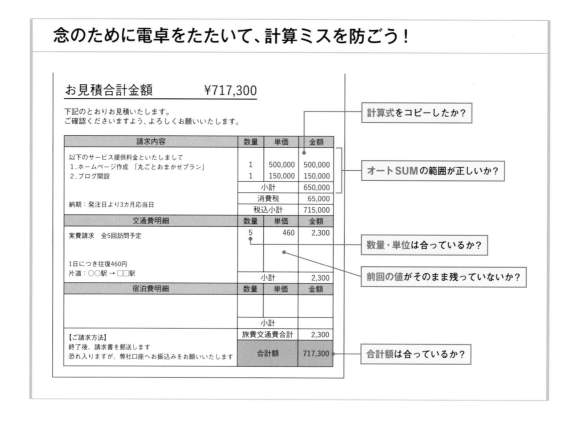

念のために電卓をたたいて、計算ミスを防ごう！

お見積合計金額　　　　¥717,300

下記のとおりお見積いたします。
ご確認くださいますよう、よろしくお願いいたします。

請求内容	数量	単価	金額
以下のサービス提供料金といたしまして 1.ホームページ作成 「丸ごとおまかせプラン」 2.ブログ開設	1 1	500,000 150,000	500,000 150,000
		小計	650,000
納期：発注日より3カ月応当日		消費税	65,000
		税込小計	715,000

交通費明細	数量	単価	金額
実費請求　全5回訪問予定	5	460	2,300
1日につき往復460円 片道：○○駅 → □□駅		小計	2,300

宿泊費明細	数量	単価	金額
		小計	
【ご請求方法】 終了後、請求書を郵送します 恐れ入りますが、弊社口座へお振込みをお願いいたします		旅費交通費合計	2,300
		合計額	717,300

- 計算式をコピーしたか？
- オートSUMの範囲が正しいか？
- 数量・単位は合っているか？
- 前回の値がそのまま残っていないか？
- 合計額は合っているか？

Excelを信用しすぎてチェックを怠ってはいけない

　Excelは、複雑な計算を瞬時にしてくれる強い味方ですが、信用しすぎてチェックを怠れば、ミスを誘発するので気をつけましょう。

　よくあるのは、後から行を挿入したときの計算ミスです。オートSUMなどの自動計算を設定していて、挿入した行の数値も計算の範囲に含まれる場合は要注意です。数式をチェックし、セルを正しい範囲に修正しなければなりません。

　前に作った書類やデータを使い回すときも注意が必要です。単価や数量などが残っていると変更すべきところを見落としやすくなるからです。

　実は私も以前、請求書のミスをしてお客様から指摘を受けてしまいました。1日分の交通費のはずが2日分ついていると言うのです。過剰請求とは、なんとも恥ずかしい話でした。

　今後も、消費税が上がる可能性がゼロではありません。そうなれば見積書や請求書は適宜、数式などの修正が生じます。いずれにせよ、印刷をしてから目でチェックし、念のために電卓をたたいて計算ミスがないかを再度確認するくらい、慎重に対応しましょう。

郵便物はポストまで手で持っていく

バッグに入れずに手で持てば、ポストまで意識を集中できる

郵便物をポストに投函するつもりが、ウッカリ忘れてしまったという経験はありませんか？　ハッと気づいたけれど、ポストまで戻る時間はない。「外出先でポストくらい見つかるだろう」と高を括っていたら、別件で頭がいっぱいになり、また忘れてしまう。そうやって封筒をずっとバッグに入れたまま持ち歩いてしまう失敗は、あなたも一度くらいあるでしょう。

投函が翌日になれば、先方への到着日はその分遅くなります。速達など急ぎの書類ならなおのこと、投函し忘れを防がなければなりません。

これからは「郵便物はポストまで手で持っていく」を習慣にしましょう。

出かけるときに、荷物と一緒にバッグに入れてしまうから忘れるのです。手で持てば否応なく目に入るので、ポストにたどり着くまで意識を集中させることができるようになります。ささいなことですが、こんな習慣やしくみ作りがミスを防ぐことにつながります。

もし封筒が汚れる心配があれば、クリアファイルに入れてから持つと安心でしょう。

CHAPTER 1
CHAPTER 2
CHAPTER 3
CHAPTER 4
CHAPTER 5
CHAPTER 6 仕事の習慣編
CHAPTER 7

「封筒はポストまで手で持つ」の習慣づくりがミスを防ぐ

✕ 封筒をバッグに入れるから、投函し忘れてしまう

封筒が見えないため、
意識から離れていく

◎ 封筒を手に持てば両手がふさがれるので、目に入る

封筒が常に見えているため、
ポストまで意識が集中する

クリアファイルに入れれば封筒が汚れない

雨が降ったりしていて、封筒が濡れる・汚れる心配があれば、クリアファイルに入れてから持てば安心できる

A4クリアファイル

3通までの薄い封筒ならこれ。ハガキなら A5～ A6サイズを

スライダー付収納バッグ

4通以上で落とす心配があるならこちら。A4サイズが便利

マニュアルは自分で作る

新しい仕事を覚えるときは、
自分用のマニュアルを作ろう

　業務効率化や平準化のために、マニュアルを作っている職場は多いことでしょう。しかし、それはわかりやすいですか？

　マニュアルの多くは、その業務に精通している人が作成します。社歴が長い、指導経験がある、現場でなく本店管理部に所属している人などです。そんな知識やスキルがある人の目線で書くと、専門用語を使ったり、初歩的な部分を省いてしまうことがあります。そもそも新入社員もベテラン社員も同じマニュアルを使うのは無理があるのです。読んでも理解しにくいなら、そのマニュアルはあなたを救ってくれないと割り切るのが賢明です。

　たとえダブったとしても、新しい仕事を覚えるときは自分用のマニュアルを作りましょう。といっても、日頃使うノートと兼用して構いません。一度教わったことを自分でノートにまとめると、頭の中が整理整頓されたり、インプットできたりするからです。

　ただし、自分用のマニュアル作りにあまり時間をかけすぎないようにしてください。会社は学校ではないので、勉強より『利益を生む仕事をするところ』と心得ておきましょう。

理解しにくいマニュアルは、あなたを救ってくれない

理解しにくいマニュアルなら…

うーん、このマニュアル、ちょっとわかりにくいんだよなぁ…

教わったことが書いてはあるんだけど…
専門用語も多いし…

そもそも新入社員をベテラン社員も同じマニュアルを使うのは無理がある

自分用マニュアルを作ればいい！

教わったことをまとめて自分用マニュアルを作ってみよう！

こうしたらわかりやすくてミスを防げそうだ！

自分でまとめると、一度教わったことがしっかりインプットされる

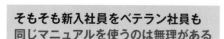

⑥⓪ ミスしたら吹き出しで反省コメントを書く

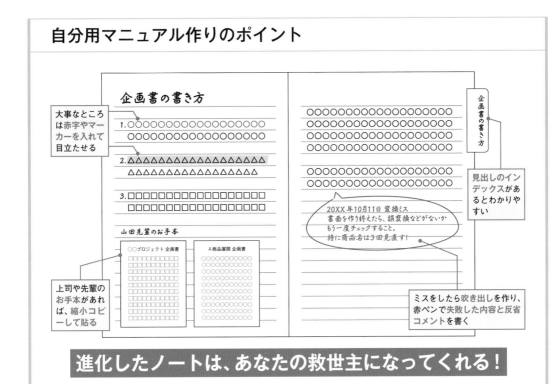

自分用マニュアル作りのポイント

企画書の書き方

大事なところは赤字やマーカーを入れて目立たせる

1.○○○○○○○○○○○○○○○○
2.△△△△△△△△△△△△△△△△
　△△△△△△△△△△△△△
3.□□□□□□□□□□□□□□□□

山田先輩のお手本

○○プロジェクト 企画書　　A商品展開 企画書

上司や先輩のお手本があれば、縮小コピーして貼る

見出しのインデックスがあるとわかりやすい

20XX年10月11日 変換ミス
書面を作り終えたら、誤変換などがないかもう一度チェックすること。
特に商品名は3回見直す!

ミスをしたら吹き出しを作り、赤ペンで失敗した内容と反省コメントを書く

企画書の書き方

進化したノートは、あなたの救世主になってくれる!

同じミスを繰り返さないために反省コメントを書く

　続いて、自分用マニュアルの具体的な作り方です。新入社員や若手社員、異動したてのときは、人から仕事を教わることが多いでしょう。そのとき教えを書き留めないと、指導者はやる気を失います。自分のためにも相手のためにも、必ずノートを取ってください。

　例えば、端末の操作方法を教わったら画面印刷をし、ノートに貼ってしまいましょう。文章にするよりダンゼンわかりやすくなります。そして、大切なポイントは赤字やマーカーで目立たせておきましょう。

　文書やメールの書き方を知りたいなら、上司や先輩のお手本をコピーさせてもらい、ノートに貼ってください。しばらくは丸ごと文章を真似てしまえば、ミスなく完成度の高い書類が作れるようになります。

　さらにノートは書いたら終わりでなく、進化させましょう。ミスをしたら吹き出しを作り、失敗した日時とミスした内容、反省や今後の誓いを赤ペンで書きます。コメントを書く目的は、同じミスを繰り返さないためです。

　このように進化したノートは、いつでもあなたの救世主になってくれるはずです。

61 割り込み仕事には「しおり作戦」

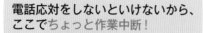
付せんを使って"次に着手する箇所"を指し示しておく

電話応対をしないといけないから、ここでちょっと作業中断！

進んだところまで

付せんでマーキング！

○○プロジェクト概要

ここまで読みました！

作業が中断したときは、付せんで印をつけておけば安心！

「どこまで済んだか」がわかるようにしてから割り込み仕事に対応する

集中していても、電話や来客があったり、上司や同僚に話しかけられることがあります。そのような「割り込み仕事」があると、「さっきまで何をしていたんだろう」と思い出す時間や、再度エンジンがかかるまで時間を要する場合があるでしょう。

気持ちが緩むとミスが忍び寄るので、早く集中力を取り戻したいものです。

そこでおすすめしたいのが、「しおり作戦」です。

しおりは、本を読むとき欠かせませんね。そう、読んだページにはさんでおくだけで、次はどこから読むかがわかるのですから。しおりがなければ、同じところを重複して読むなど、探すムダが生じてしまいます。

仕事も同じで、「どこまで済んだか」がわかるようにしてから割り込み仕事に対応してください。

ポインターの付せんを書類に貼れば、矢印が"次に着手する箇所"を指し示してわかりやすくなります。付せんですから、たとえ席を離れても剥がれる心配はありません。たった3秒で済むので、ぜひ試してみてください。

62 駅で待ち合わせしない

駅での待ち合わせは、両者の理解に相違が起きやすい

誰かと待ち合わせするとき、駅はできる限り避けましょう。わかりやすいようで、実は両者の理解に相違が起きやすいからです。原因は思い込みにあります。

東京駅を歩いていると、携帯電話を片手に「今どこにいますか?」と確認し合う人たちを見かけます。きっと待ち合わせ場所を決めたはずなのに、相手と会えないのです。

東京駅の改札口は、なんと10以上です。東側の「八重洲」、西側の「丸の内」、それぞれに北口・中央口・南口改札があるからです。もし「丸の内の改札で会いましょう」と伝えたなら候補は全部で6つ、1階には「丸の内」北口／中央口／南口、地下にも「丸の内」地下北口／地下中央口／地下南口が存在します。これでは迷うのも仕方ありません。

改札はやめて「八重洲口構内のカフェで」としても、いくつも店舗があるため、アバウトに指定しては危険です。地下鉄の「大手町駅C9出口」などの指定もわかりにくいです。階段を上がらず地下にいればいいのか、階段を上がって外に出るのか迷うので、避けるのが賢明でしょう。

CHAPTER 1
CHAPTER 2
CHAPTER 3
CHAPTER 4
CHAPTER 5
CHAPTER 6 仕事の習慣編
CHAPTER 7

駅で待ち合わせたのに、相手と会えないのはなぜ?

特に都心部の駅は改札口が多い!

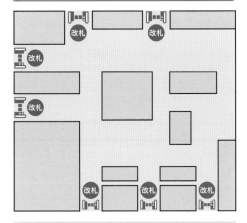

例えば東京駅の改札口はなんと10以上!改札口が多い駅だと、待ち合わせ場所を決めても会うのが難しい場合がある

駅で待ち合わせをした際の失敗談

 改札口で待っていたら、お客様は電車ではなく車で来て、ロータリーに停車。車の中で待っていました…

 メールに「厚木駅」と書いてあったので、厚木駅で待っていたら、相手は「本厚木駅」にいた。謝るどころか「厚木といえば本厚木でしょ」と言われ、カチンときた!

 JRの駅を指定したのですが、相手は地下鉄の同名の駅で待っていました…

CHAPTER 6

63 名刺は絶対切らさない

「誰かに名刺を渡したら補充する」を習慣にする

名刺交換するとき、自分の名刺が1枚も入っていなかったり、足りなくなって冷や汗をかいた経験はありませんか？

防止策は、「名刺入れには常時20枚」などルールを決め、「誰かに名刺を渡したらデスクに戻って補充する」を習慣にすることです。出かける前には再度チェック。万が一、名刺入れを忘れたときに備えて、お財布や手帳にも5枚ほど入れておけば安心です。

次に、名刺の在庫切れをなくす方法です。

名刺が箱で届いたとき、下から20枚目前後に付せんを貼ってください。名刺を使っていくうちに、この付せんが出てきたら「追加で発注しよう」のサインになるからです。

箱ティッシュを買うと、赤いラインが印刷されたものが出てきて、買い足すタイミングを教えてくれるものがありますね。名刺にも応用すると、在庫切れしなくなります。

また、名刺交換は「先手必勝」です。いつでも先出しできるように、私は自分の名刺を逆さにして入れています。相手に渡すとき回転させる手間が省けて、サッとスムーズに差し出せるからです。

ワンランク上の名刺交換をするためのポイント

名刺は逆さにして入れておく

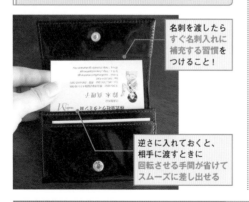

名刺を渡したらすぐ名刺入れに補充する習慣をつけること！

逆さに入れておくと、相手に渡すときに回転させる手間が省けてスムーズに差し出せる

仕切りのある名刺入れを選ぶ

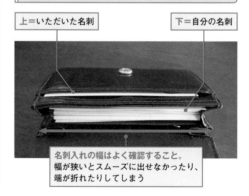

上＝いただいた名刺　　下＝自分の名刺

名刺入れの幅はよく確認すること。幅が狭いとスムーズに出せなかったり、端が折れたりしてしまう

漢字の読みを尋ねる前にメルアドをチェック！

名刺に書いてある名前の漢字の読みがわからなかったら、尋ねる前にメールアドレスを見てみよう。メールアドレスは名字や名前を使用していることが多いので、そこで読みがわかることがある

須賀順子　スガ？
j.suka@XXX.com
いや、スカさん！

岸田一美　カズミ？
kazuyoshi.k@XXX.co.jp
いや、カズヨシさん！

64 「指さし確認」もアリ！

指さし確認を「しくみ」にして、ミスを防止しよう

オフィスで行う指さし確認

最後に帰る人が指さし確認

▶ 金庫のカギよーし

▶ パソコンの電源オフよーし

▶ キャビネットの施錠よーし

メンバーと行う指さし確認

翌日のイベントの確認

机のセッティング	→	よーし
資料の印刷	→	よーし
マイクのテスト	→	よーし

CHAPTER 1
CHAPTER 2
CHAPTER 3
CHAPTER 4
CHAPTER 5
CHAPTER 6 仕事の習慣編
CHAPTER 7

ミスを防ぐ策として 「指さし確認」はとても効果がある

　ささいなミスが原因で、人の生死に関わる仕事があります。すぐ思いつくのが医療業、運輸業、建設業といったところでしょうか。それらの現場では、ミスを防ぐ策が綿密に立てられています。中でも「指さし確認」は今なお行われています。

　TV番組で放映されたANAの整備士によれば、人の視界は180度あっても注目できる視野はたったの２度だけだそうです。指さし確認をすると、その２度に限定されるので、しっかり対象物を認識できると話していました。

　一方、事務の仕事をする人なら、指さし確認になじみが薄いと思われます。静まり返った職場で声を出すなんて恥ずかしいかもしれません。でも、しくみにすれば立派なミス防止策として認知されるでしょう。

　例えば、最後に帰る人が電源を落としたり、鍵をしめるときなどに有効です。また、お客様を招く会議などがあれば、準備に抜かりがないかどうか、チェックリストを持ちながらメンバーと指さし確認してみてください。

　慣れてしまうと、ミスを防ぐだけでなく達成感も味わうことができます。

まとめ ↻

ファイルを使い回すときは、「名前を付けて保存」をしない。
必ずファイルのコピーを作り、元データを残した状態で作業すること。

データのバックアップは、定期的かつこまめにするのが一番。
年季の入ったパソコンを使っている人は、特に注意すること。

Excelは複雑な計算を瞬時にしてくれるが、信用しすぎないこと。
念のために電卓をたたいて、計算ミスがないかを再度確認しておこう。

「郵便物はポストまで手で持っていく」を習慣にする。
手で持っていれば、ポストまで意識を集中させることができる。

新しい仕事を覚えるときは、自分用のマニュアルを作る。
一度教わったことを自分でノートにまとめると、頭の中が整理整頓される。

自分用マニュアルを作る際に、それまでにミスをしたことがあったら、
吹き出しでミスの内容や反省を赤ペンで書き入れ、今後の参考にすること。

割り込み仕事があったら、「どこまで済んだか」がわかるように
付せんを書類に貼っておく。すると再開時に、すぐに集中力を取り戻せる。

人と待ち合わせする際に、駅はできる限り避ける。改札口が多かったり、
両者の理解に相違が起きやすかったりして、会うのが難しい場合がある。

名刺を切らさないように、「名刺を渡したら補充」を習慣にすること。
名刺入れを忘れたときに備えて、財布や手帳にも入れておけば安心。

「指さし確認」は、単純ながらもミスを防ぐ効果てきめんの方法。
オフィスを最後に出るとき、会議の準備時など、積極的に活用してみよう。

CHAPTER 7

日々の心構え

編

65 ミスは成長や改善のヒントになる味方

PDCAサイクルを回して反省すれば、次回はミスを防げる

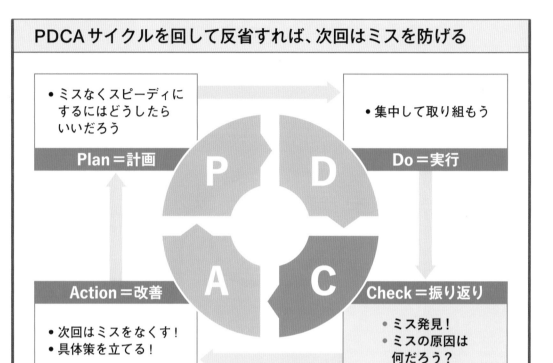

- ミスなくスピーディにするにはどうしたらいいだろう

Plan＝計画

- 集中して取り組もう

Do＝実行

Action＝改善

- 次回はミスをなくす！
- 具体策を立てる！

Check＝振り返り

- ミス発見！
- ミスの原因は何だろう？

キチンと振り返りをすれば、改善するための計画を立てられる

ミスは悪者ではなく、長い目で見ればあなたの強い味方になってくれます。成長や改善は、失敗から生まれることもあります。たぶん些細なことが原因で私たちは思いもよらぬ間違いをし、被害の大きさに驚き、後悔や反省をします。この反省が財産になるのです。

「PDCAマネジメントサイクル」という言葉をご存じでしょうか。Plan＝計画、Do＝実行、Check＝振り返り、Action＝改善のことです。

計画を立てずに思いつきや感情にまかせて仕事をすると、ミスは多くなります。そのとき、一度立ち止まって「なぜミスをしたのだろう」と原因を分析しなければ、きっと同じ失敗を繰り返すことになるでしょう。

つまりDoを繰り返すだけの人は、学びがないということです。逆にキチンと振り返りをすれば、次回は改善するための計画を立てられるようになります。

仕事のミス防止には振り返りが大切です。そこで右ページにワークシートを載せました。このシートにある3つの質問に答えると、PDCAサイクルを回すことができるので、ぜひ書き出してみましょう。事実→理由の分析→

教訓を明文化し、これからもミスをするたびにノートに書き留めてください。

「ミスを活かすにはどうしたらいいのか」を冷静に考える

以前、面白い話を聞きました。取引先の女性とプライベートでランチの約束をし、高層ビルの41階のレストランで待ち合わせをしました。ところが彼女は14階と間違え、オフィスフロアをうろついてしまったそうです。そして「実は私って数字を逆にしてしまうミスが多いんです」と告白してくれました。

彼女は金融機関で事務トレーナーを務め、現場を巡回し指導する立場にあります。行動はテキパキ、まさに『デキる人』というイメージで、ミスをした場面を私は見たことがありませんが、彼女にも弱点はあったのです。ではなぜ仕事でミスをしないかといえば、自分の弱みを客観的にとらえ、仕事で常に扱う数字の確認を何度も行っていたからでしょう。

このように、あなたにもきっとミスしやすい傾向とそれを防ぐ対策があるはずです。

私も、締切りに遅れないことがプチ自慢だったのですが、セミナーテキストの締切日をウッカリ忘れてしまい、取引先から督促されたことが一度ありました。忙しさのピークを越え、緊張感が緩んだのが原因でしょう。手帳には納期を書いているのに見落としていたのです。それ以来、手帳をチェックする回数を増やすべく「開いたままデスクに立てる」を励行しています。

失敗経験からヒントを得たり、自分の弱点を重点的にチェックする対策をすれば、日常的にミスを減らすことができるようになります。ミスをして落ち込むよりも前向きにとらえ、「ミスを活かすにはどうしたらいいのか」を冷静に考えてみましょう。

CHAPTER 1
CHAPTER 2
CHAPTER 3
CHAPTER 4
CHAPTER 5
CHAPTER 6
CHAPTER 7 日々の心構え編

あなたの失敗体験を書き出してみよう

失敗したこと

失敗した理由は?

失敗して得たこと、学んだこと、その後教訓にしていることは?

事実→理由の分析→教訓を明文化することができる!

66 ミスを減らす取り組み

「ヒヤリ・ハット」を開示すれば、ミスを未然に防ぐ武器になる

ここでは、ミスについて知っておいて損はない知識や情報をお伝えします。

それは「ヒヤリ・ハット」です。これは**重大な災害や事故にはならなかったものの、その一歩手前の発見**を言います。文字通りヒヤっとしたりハッとした経験のことです。

医療現場では「ヒヤリ・ハット」を開示することで、ミスを減らす取り組みが行われています。

2014年の日経新聞によれば、2013年に全国965の医療機関から報告された医療事故は3049件で前年を167件上回り、過去最多でした。また、医療事故とは別に、事故につながりかねない「ヒヤリ・ハット」事例の発生件数は60万9000件でした。

医療事故を防ごうと日夜取り組んでいても、結果として件数は増えているのです。しかし、60万9000件もの**ヒヤリ・ハットが他の事故を未然に防いでくれた**のも事実です。

「**ハインリッヒの法則**」と言われるものがあります。これは、1件の重大な事故や災害の裏には29件の軽微なミス、さらに300件のヒヤリ・ハットがあるという理論です。

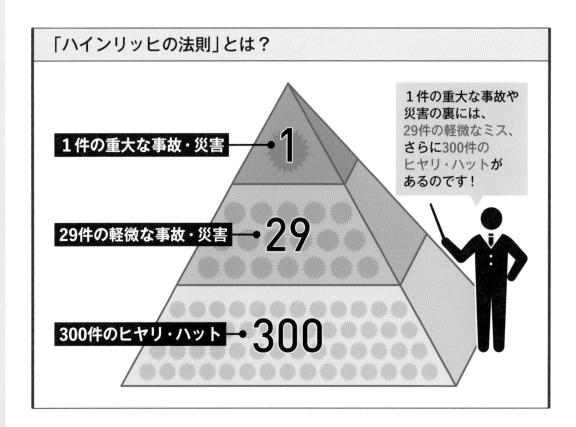

「ハインリッヒの法則」とは？

1件の重大な事故・災害 → 1
29件の軽微な事故・災害 → 29
300件のヒヤリ・ハット → 300

1件の重大な事故や災害の裏には、29件の軽微なミス、さらに300件のヒヤリ・ハットがあるのです！

ときには立ち止まり、「ミスがないか？」をよく考えてみよう

この書類、不安だから
もう一度よく見直しておこう！

入力ミスは
ないか？
データは
合っているか？

自己判断しないで、
一度、上司に相談してみよう！

部長、
例のプロジェクトの
進め方ですが…

ふむふむ、
ここは
別のやり方が
よさそうだね

一歩手前でブレーキを踏めば、ミスやクレームを防げる

ビジネスの現場でも、ヒヤリ・ハットはミスを防ぐ武器になります。

つまり、**気づく力が大切**なのです。一歩手前で「不安なので書類をもう一度見直そう」「自己判断せず上司に相談しよう」とブレーキを踏めば、ミスやクレームを防げるのではないでしょうか。**スピード化の時代ですが、前に進むだけでなく立ち止まったり、ときには一歩下がってみることも必要**です。

ミスを共有することで
マイナスをプラスに転換する

日々の業務の中で、**『気づき』を大切に活かしましょう**。ノートに赤字で吹き出しにして書き留める、チェックリストの項目に加えておく、隠さずにメンバーと共有するなど、方法はたくさんあります。

また仕事の進め方でも、思わぬ落とし穴があるかもしれません。売上やノルマを最優先して数字ありきだったり、新規開拓を優先して既存客に見向きもしなければ、結果的に顧客満足度が下がり競合他社に乗り換えられるリスクもあります。

書類や数字だけを見ていたら仕事はうまくいきません。その**背景にあるものを想像したり、お客様の気持ちを汲む力も大切**です。

近年、クレームは「隠す」から「開示する」時代へと変わりました。

金融機関のホームページを見ると、具体的なクレームやその件数、月ごとの増減まで載せている企業があります。

お客様の声やクレームが現場に届くと、本部へ報告する様式が用意されていて、本部には「お客様サービスセンター」などが設置され、案件を一元管理しています。

このように、**マイナスをプラスへと転じさせるしくみが整っている**のです。

CHAPTER 1
CHAPTER 2
CHAPTER 3
CHAPTER 4
CHAPTER 5
CHAPTER 6
CHAPTER 7 日々の心構え編

67 成果が上がる人と上がらない人の違い

成果が上がる人は「大切な仕事」を見定めている

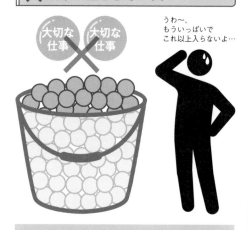

✕ 成果が上がらない人

うわ〜、
もういっぱいで
これ以上入らないよ…

小さな仕事でいっぱいになり、
本当にやるべき仕事を入れるための
スペースがなくなってしまう

◎ 成果が上がる人

小さな仕事より、
大切な仕事の
スペースを確保!

本当に大事なのかを見定め、
入れる仕事を選別しているので、
大切な仕事を入れるスペースがある

チャンスを逃さないためには
主導権を持ち、優先順位をつける

　限られた時間内でミスをせず、成果を出すには、「優先順位を間違えないこと」と「集中すること」が大切です。つまり、大事な仕事に集中できる時間と環境を作るのです。

　優先順位のつけ方で代表的なのは、重要度と緊急度の指標があり、いずれも高いゾーンにある仕事から手をつけるという考え方です。

　ここでは、自分が抱えられる仕事量を1つのバケツにたとえてみます。そのバケツの中に入れるのは石で、石は1つ1つの仕事をさ

します。石にはいろいろな大きさがあり、優先順位の低い仕事や雑用は小さな石、利益を生んだりチャンスになる仕事は大きな石をイメージしてください。

　すべての小石をバケツに入れていくと、あっという間に満タンになります。これは「忙しい」が口ぐせで、**一生懸命に仕事をしても、成果が上がらない人の典型的なパターン**です。

　一方、成果の上がる人は、バケツに入れる前に本当に大事なのかを見定め、入れる石を選別するので、すぐには満タンになりません。むしろスペースを残しておき、大きな石がきたら受け入れる準備ができています。

つまり彼らは自分で主導権を持って、やることを選んでいるのです。

起業した頃の私は、忙しいけれど成果が出ない負のスパイラルにはまっていました。スケジュールは詰まっているのに、目標にはほど遠く、結果が出せないのです。

そんなとき、取引先から「新しい仕事をやってみない？」と声がかかりました。自分がやりたかった仕事、まさにチャンスです。しかし、手持ちの仕事をこなすのが精いっぱいで時間的な余裕はありません。そのため「申し訳ありませんが1週間後にお返事させてください」と答え、先約を整理してから引き受けようと考えました。そして1週間後、取引先に連絡すると、先方から「その話は他の人に決まりました」と断られたのです。

この苦い経験が教訓となり、それ以来、バケツの中に大きな石を優先して入れるよう意識しながら、仕事をするようにしています。

優先順位を変えることでミスを防いで効率を上げる

また、1つの石で済む仕事なのに、2つ3つとやるべき仕事が増えてしまうことがあります。それはミスです。**ミスすると、やり直したり謝ったりと、時間や労力を費やすことになるからです。**

つまり、**ミスを防ぐのは時間を作ることでもあります。**できた時間を大事な仕事にあてれば、個人も会社も成長でき、利益がっちり稼ぐことができるようになるのです。

スピード化の時代は、下の図のように優先順位の指標を変えてみてください。1つ目は「すぐに着手できる」、2つ目は「すぐに効果が出る」です。

「すぐに着手できて、すぐに効果が出る」なら最優先すべき大切な仕事となります。

さあ、小さな改善をスタートさせましょう。

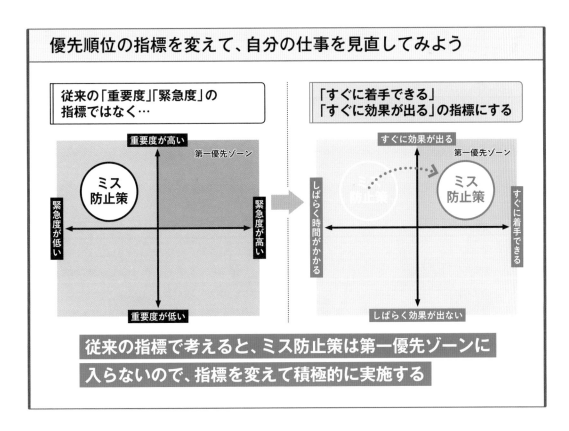

優先順位の指標を変えて、自分の仕事を見直してみよう

従来の「重要度」「緊急度」の指標ではなく…

「すぐに着手できる」「すぐに効果が出る」の指標にする

重要度が高い
第一優先ゾーン
ミス防止策
緊急度が低い
緊急度が高い
重要度が低い

すぐに効果が出る
第一優先ゾーン
ミス防止策
しばらく時間がかかる
すぐに着手できる
しばらく効果が出ない

従来の指標で考えると、ミス防止策は第一優先ゾーンに入らないので、指標を変えて積極的に実施する

68 ムダがあれば集中できる

集中力を高めるには
どのようにすればいいのか？

人の集中力は長くて90分続くと言われます。わかりやすいのが大学の講義時間です。

となると就業時間が9時〜17時の場合、少なくとも午前中に1回、午後には3回の休憩が必要ではないでしょうか。

集中力はミスをしないで成果を出すために欠かせません。しかし、このストレス過多の時代に、緊張感を保ったまま休みなく働くのでは、心身ともに支障をきたすでしょう。

そこで、**あえて少しだけムダを残し、仕事**に緩急をつけて集中力を高めませんか？

リラックスできる環境の方が
集中力を高められる

近年、職場で相互扶助の精神が失われつつあると感じます。その背景にはいくつか原因が思い当たります。

例えば、成果主義により給与に大きく差がつく企業では、同僚をライバル視してしまい、仕事を教えない・回さない人が出ています。

また、電話よりメールでのやりとりが主流となり、多くの職場は静まりかえってパソコ

ミスが発生しやすい人の仕事のやり方

仕事を始める

さあ、今日は
この仕事を頑張るぞ！

休まず続ける

う〜ん、
まだまだやらないと
ダメだなぁ…

スピードが落ちる

はぁ疲れた…
もう頭が働かない…

**仕事がたまっているからといって、休まずに続けていると、
仕事のスピードは落ちていき、ミスも起こりやすくなる**

ミスが発生しない人の仕事のやり方

90分仕事をする	ひと息入れる	仕事を再開する
さあ、今日は この仕事を頑張るぞ！	90分仕事をしたから、 ちょっと休憩〜♪	休憩終わり！ よし、また頑張るぞ！

90分仕事をしたら、ひと息入れる。すると、**集中力が回復して、仕事のスピードが上がる。**そして、**ミスも起こさないようになる**

CHAPTER 1
CHAPTER 2
CHAPTER 3
CHAPTER 4
CHAPTER 5
CHAPTER 6
CHAPTER 7 日々の心構え編

ンを打つ音だけが響きわたっています。中には「私語禁止」という職場もあるほどです。これでは**口頭で報連相をしづらくなる**のも仕方ありません。

私は、いろいろな業界で働いてきました。アルバイト、パート、派遣社員、フリーランスの順に様々な雇用形態も経験しました。

その中で、上司の監督ぶりが厳しい職場がありました。少し雑談をするだけで「うるさい！」と怒ります。廊下での立ち話も禁止。メンバーは言いたいこともがまんして、毎日ビクビクしながら仕事をしていました。

一方、別の職場では、上司が「3時の休憩」を作り、**みんなでお茶を飲みながら数分間おしゃべりをする**のが習慣でした。

眉間に皺をよせてパソコンに向かっていると「休憩してくださーい」と声をかけられます。近くのコンビニエンスストアで、上司がお小遣いで私たち3人の部下にお菓子やアイ

スを買ってきてくれることもありました。

10〜15分くらい、家族のこと、健康のこと、仕事で失敗したこと、お客様から褒められたことなどをおしゃべりします。この職場では、**お互いを知ることができ、結束力が高まりました。**休憩後は「定時まで、もうひと踏ん張り！」と気合を入れる効果もありました。

人は機械ではありません。集中力だって限界があります。ですから、**お茶を飲んだり、職場の人とジョークを言い合うのは効果的**だと思います。**ギスギスした職場よりリラックスできる環境の方が、集中力は高まる**のではないでしょうか。

ただ、若手社員や社歴の浅いうちは、職場環境ごと変えるのは難しいので、自分流のメリハリ術を見つけてください。

例えば、お菓子など自分への「ご褒美」を用意したり、To Doリストに「○○を終えたらお茶」などと書くのもいいでしょう。

69 当たり前のことが 強みになる！

「当たり前のこと」を守り、ミスを なくせば、相手の信頼を得られる

私はせっかちであわてんぼうの人間です。そのせいか会社員のときはミスが多く、よく上司や先輩に指摘されていました。

今思えば、「ミスをしても誰かが見つけてくれる」と、甘えがあったかもしれません。**「ミスが致命傷になる！」**と感じたのは、フリーランスの講師になったときです。フリーランスは月給制ではないので、仕事のオファーがなければ収入もなくなる不安定な働き方です。売れる講師と売れない講師では差が歴然！　登壇する回数はもちろん、1回あたりの講師料も大きく異なります。

フリーランスとして少しずつ仕事が増えたとき、研修会社の人に「どうして新人の私に仕事を回してくれるのですか？」と質問したことがあります。

すると彼は「鈴木さんは書類をファイルするから、なくさないで安心なんだよね。時間の約束も大事で、遅刻しないし、テキストの締切りを守っている。実は締切りに遅れる人が多いから」と答えてくれました。

この答えを聞いて、「そんな理由なんだ」とがっかりしました。実は内心では「君はプレゼンがうまいから」などという答えを期待していたからです（笑）。彼いわく、講師陣を比べるとスキルの差はそれほどない。だから選ぶ基準は**安心して任せられるか、客先から信頼されるか**どうかだ、と言うのです。

独立、起業してからは、企業研修の他、公開セミナーや執筆の仕事が加わりました。「ビジネス文書・メールの書き方」のテーマは、オハコだったこともあり、順調に仕事が増えていきます。が、続けて「5Sで簡単！　オフィスの整理整頓」や「絶対にミスをしない人の仕事のワザ」の企画を頼まれたときは驚きました。整理整頓やミスについては、長年苦手意識を持っていたからです。

私は有名大学を卒業していませんし、優秀なわけでもなく、士業と呼ばれるような資格もMBAもありません。でもありがたいことに、なぜか仕事の指名をしてもらえます。その理由を考えると、**「当たり前のことができるように」**と努力しているからかもしれません。

「当たり前のこと」を確実にすれば、 自分の「強み」になる

失敗経験だけは負けないので、今も反省と改善の繰り返しです。そのうち不思議なことに「そのノウハウを提供してほしい」と言われるようになりました。自分だけでなく、「弱みを克服するにはどうしたらいいだろう？」と参加者の皆さんと一緒になって考えてきたことが、活かされるようになったのです。

整理整頓、情報管理、タイムマネジメント。これらは仕事の基本なので、会社勤務の人も、フリーランスの人も、自営業も起業家も、みんなにとってマストです。でも実際には、できていない人の方が多いのです。

当たり前のことができる。それは立派な強みとなることを忘れないでください。

あなたは「当たり前のこと」ができていますか？

これらの「当たり前のこと」ができているか、チェックしてみましょう。
もしできていなくても、心配はいりません。右のページを参考に
ノウハウをしっかり身につけて、自分の「強み」にしていきましょう！

✓	メールの添付ファイルを忘れない	できていないと思ったら → P9へ！
✓	相手の社名や名前を間違えない	できていないと思ったら → P10へ！
✓	メールを見落とさない	できていないと思ったら → P12へ！
✓	書類作成でミスを繰り返さない	できていないと思ったら → P13、P15へ！
✓	情報管理ができている	できていないと思ったら → P17、P37へ！
✓	デスクをキレイにしている	できていないと思ったら → P20、P26へ！
✓	書類をなくさない	できていないと思ったら → P21、P34へ！
✓	書類やモノが片づいている	できていないと思ったら → P22、P24へ！
✓	データやファイルの管理ができている	できていないと思ったら → P25、P73へ！
✓	忘れ物をしない	できていないと思ったら → P28、P29へ！
✓	きちんとメモを取る	できていないと思ったら → P32へ！
✓	報連相の基本ができている	できていないと思ったら → P47、P48へ！
✓	きちんと謝罪できる	できていないと思ったら → P50へ！
✓	タイムマネジメントができている	できていないと思ったら → P60、P62へ！
✓	ケアレスミスをしない	できていないと思ったら → P64、P74へ！
✓	時間に遅れない	できていないと思ったら → P68へ！

CHAPTER 1
CHAPTER 2
CHAPTER 3
CHAPTER 4
CHAPTER 5
CHAPTER 6
CHAPTER 7 日々の心構え編

まとめ

仕事のミス防止には、振り返りが大切。「PDCAマネジメントサイクル」を回して、きちんと振り返り、ミスを改善するための計画を立てよう。

失敗経験からヒントを得たり、自分の弱点を重点的にチェックする対策をすれば、日常的にミスを減らすことができる。

「気づく力」は、ミスを防ぐ大きな武器になる。ときには立ち止まり、「ミスがないか?」をよく考えてみよう。

ミスは隠さずに、メンバーと共有することも大切。全員がミスを知ることで、ミスのマイナスが経験としてプラスに転換する。

限られた時間内でミスをせず、成果を出すには、「優先順位を間違えないこと」と「集中すること」が大切。

スピード化の今の時代は、「すぐに着手できて、すぐに効果が出る」ことに優先順位の指標を変更するとよい。

仕事がたまっているからといって、休まずに続けていると、仕事のスピードは落ちていき、ミスも起こりやすくなる。

90分仕事をしたら、ひと息入れる。すると、集中力が回復して、仕事のスピードが上がる。そして、ミスも起こさないようになる。

整理整頓、情報管理、タイムマネジメントは仕事の基本。会社勤務やフリーランスの人、自営業、起業家にとってもマスト!

「当たり前のこと」を守り、ミスをなくせば、相手の信頼を得られる。「当たり前のこと」ができることは、自分の「強み」になる。

お|わ|り|に

　最後までお読みくださり、ありがとうございました。

　「自分は信じても、自分のしたことは疑おう」。これが、ミスをなくすためのスタートラインです。

　思うに、はじめから仕事ができる人なんていません。ミスが多いなら少なくする。少なくなったらゼロにする。そうやって仕事のワザや習慣を身につけていくうち、結果は後からついてきます。

　本書にあるTipsの1つでも2つでも、「すぐに使える！」と思ってもらえたなら筆者として嬉しく思います。

　また、本を手にするとき、費用対効果を考えると「役に立った」「面白かった」では元が取れません。ミスをなくすよう、ぜひ行動に移してみてください。

　1つだけ困っているのは、タイトルに「絶対にミスをしない人」の「絶対」がついたことです。これから私と会う人は、ミスをするはずがないと思い込むかもしれません。でもストレスに感じず（笑）、いいプレッシャーに変えて仕事に励みたいと思います。

　あなたもミスに振り回されない仕事術を身につけて、毎日の仕事を楽しみましょう。

鈴木 真理子

「自分は信じても、自分のしたことは疑おう」。これが、ミスをなくすためのスタートラインです。

PROFILE

鈴木 真理子 Mariko Suzuki

株式会社ヴィタミンM　代表取締役

共立女子大学卒業後、三井海上火災保険株式会社（現三井住友海上火災保険）に入社し、9年3カ月間の勤務を経て退職。さまざまな職業を経験した後、ビジネスインストラクターとして独立。2006年起業し、講師派遣型の社員研修を行う株式会社ヴィタミンMを設立。

これまで企業研修や公開型セミナーにおいて3万人以上に数多くの失敗談を告白しながら、ミス、ムダ、残業を減らすヒントを提唱している。講師業の傍ら、新聞や雑誌をはじめメディアの取材、ビジネス書の執筆など幅広く活動中。日本ペンクラブ会員。

主な著書　『「速く」「短く」「感じよく」メールを書く方法』（明日香出版社）
　　　　　『「段取りが良い人」と「段取りが悪い人」の習慣』（明日香出版社）
　　　　　『やり直し・間違いゼロ　絶対にミスをしない人の仕事のワザ』（明日香出版社）
　　　　　『仕事のミスが激減する「手帳」「メモ」「ノート」術』（明日香出版社）
　　　　　『〈図解〉仕事のミスが激減する「手帳」「メモ」「ノート」術』（明日香出版社）ほか

Webサイト　【（株）ヴィタミンMホームページ】https://www.vitaminm.jp/

〈図解〉　絶対にミスをしない人の仕事のワザ

2022年　7月　22日　初版発行
2022年　7月　28日　第17刷発行

著　　　者　　鈴木真理子
発　行　者　　石野栄一
発　行　所　　明日香出版社
　　　　　　　〒112-0005　東京都文京区水道2-11-5
　　　　　　　電話　03-5395-7650（代表）
　　　　　　　https://www.asuka-g.co.jp

印刷・製本　　株式会社フクイン

©Mariko Suzuki 2022 Printed in Japan　ISBN 978-4-7569-2226-7
落丁・乱丁本はお取り替えいたします。
本書の内容に関するお問い合わせは弊社ホームページからお願いいたします。